Jürgen Höller / Axel Maluschka

KICKBOX AEROBIC

Grundlagen

Konzeption

Durchführung

Jürgen Höller / Axel Maluschka

KICKBOX AEROBIC

Grundlagen - Konzeption - Durchführung

ibidem-Verlag
Stuttgart

Die Deutsche Bibliothek - CIP-Einheitsaufnahme:

Ein Titeldatensatz für diese Publikation ist bei
Der Deutschen Bibliothek erhältlich

∞

Gedruckt auf alterungsbeständigem, säurefreien Papier
Printed on acid-free paper

ISBN: 3-89821-196-7

© *ibidem*-Verlag
Stuttgart 2002
Alle Rechte vorbehalten

Das Werk einschließlich aller seiner Teile ist urheberrechtlich geschützt. Jede Verwertung außerhalb der engen Grenzen des Urheberrechtsgesetzes ist ohne Zustimmung des Verlages unzulässig und strafbar. Dies gilt insbesondere für Vervielfältigungen, Übersetzungen, Mikroverfilmungen und elektronische Speicherformen sowie die Einspeicherung und Verarbeitung in elektronischen Systemen.

Printed in Germany

Danksagung

Wir möchten uns an dieser Stelle herzlich bei allen Freunden, Kollegen und Institutionen bedanken, die an der Entwicklung und Realisation dieses Buches beteiligt waren:

- Wolfgang Becker für seine fotografische Arbeit;
- den Modellen Antje und Katja Stroh, Win Silvester für ihre Kickbox-Aerobic-Darstellungen sowie Tanja Mintzlaff für das Titelfoto;
- »Sempai« Markus Krechel, 1. Dan Ashihara Karate, 2. Dan Ju-Jitsu, der Jürgen Höller auf den Fotos zur kampfmäßigen Herleitung der Techniken assistierte;
- Jutta Lützenkirchen, Dipl.-Sportlehrerin und Aerobic-Bereichsleiterin, für ihre fachfrauliche Beratung zu aerobicspezifischen Themen;
- der Firma POLAR für die Bereitstellung einer Pulsuhr zur Illustration des Kapitels über pulsgesteuertes Ausdauertraining;
- den Chefs des Sport- und Freizeitzentrums »Sportfabrik« für die Überlassung von Räumlichkeiten;
- Herrn Christian Schön vom *ibidem*-Verlag, für die erneute fruchtbare Zusammenarbeit und die Möglichkeit, dieses Buch zu veröffentlichen.

Inhaltsverzeichnis

1 Vorwort 11
2 Die Zielgruppen 13
3 Die koordinativen Fähigkeiten 15
4 Die Funktionen des Kickbox Aerobic Instructors im Unterricht 19
5 Aufstellungsformen und Laufwege im Kickbox Aerobic 23
6 Die Techniken im Kickbox Aerobic 25
   6.1 Die Ausgangshaltung 26
   6.2 Die Bewegung aus der Kampfstellung 28
      6.2.1 Beschreibung und Analyse 28
      6.2.2 Fehler und Fehlerkorrektur 29
      6.2.3 Steps 30
   6.3 Die Armtechniken im Kickbox Aerobic 32
      6.3.1 Der Jab 32
      6.3.2 Der Punch 37
      6.3.3 Backfist 40
      6.3.4 Hook 43
      6.3.5 Elbow 48
      6.3.6 Chop 54
   6.4 Die Beintechniken im Kickbox Aerobic 56
      6.4.1 Knee Kick 56
      6.4.2 Front Kick 62
      6.4.3 Roundhouse Kick 65
      6.4.4 Back Kick 70
      6.4.5 Side Kick 74
      6.4.6 Axe Kick 76
   6.5 Ausweichbewegungen 80
      6.5.1 Sidebend 80
      6.5.2 U-Turn 81

6.6 Weitere technische Elemente 82
    6.6.1 Speedball 82
    6.6.2 Rope Skipping (Seilchenspringen) 82

7 Das Modulsystem zur Zusammenstellung von Techniksequenzen 83

8 Stretching als Verletzungsprophylaxe, Vorbereitung und Kompensationstraining 89

9 Ausdauer im Kickbox Aerobic 93

10 Die Kursdurchführung 97
    10.1 Workout (kampfsportspezifische Kräftigung) 97
    10.2 Die Musikauswahl 98
    10.3 Das Cueing 99
    10.4 Der Stundenaufbau 101
        10.4.1 Warm-up 101
        10.4.2 Pre-Stretch 102
        10.4.3 Hauptteil 102
        10.4.4 Cool-down 102
        10.4.5 Stretching 103
    10.5 Die Einbindung von Kickbox Aerobic in den Wochenstundenplan 103
    10.6 Die Motivation 104

11 Literaturverzeichnis 106

12 Anhang 111
    12.1 Anhang 1 - Empfohlene Literatur zur Weiterbildung 111
        12.1.1 Funktionelle Anatomie 111
        12.1.2 Bewegungslehre 111
        12.1.3 Trainingswissenschaft 112
        12.1.4 Taekwondo / Kickboxen / Boxen 112
        12.1.5 Aerobic 113
        12.1.6 Ausdauertraining 113

 12.1.7 Stretching 114
 12.1.8 Krafttraining 114
12.2 Anhang 2 - Ausbildungsinstitutionen 116
 12.2.1 Deutschland 116
 12.2.2 Österreich 118
 12.2.3 Schweiz 118

1 Vorwort

Tae Bo, T-Bo, Thai Bo, Fitness Kickboxen, Ki Bo E, und und und... die Namen vermehren sich wie Pilze nach einem warmen Regen. Allen gemeinsam ist jedoch die Verbindung von Musik, Aerobic und - als Innovation - die Integration von Elementen aus den Kampfsportarten Taekwondo, Karate, Kickboxen und Boxen.

Seit der Amerikaner Billy Blanks damit begonnen hat, Kampfsporttechniken mit Musik zu verbinden und das entstandene »Produkt« professionell zu vermarkten, hat sich ein Trend in der Aerobic- und Fitnessszene etabliert, dessen stürmische Aufwärtsentwicklung sich in dieser Form überraschend und nicht absehbar entwickelt. Die Nachteile dieser Entwicklung werden jetzt sichtbar: Rechtsstreitigkeiten um die Namensnutzung; Wildwuchs in der Ausbildung; »Neuentwicklungen«, die keine darstellen, aber aus der Intention geboren sind, sich ein Stück vom großen Kuchen »Kickbox Aerobic« in Form von Lizenzen u.ä. zu sichern.

Wir (die Verfasser) haben dieses Buch in der Absicht geschrieben, den interessierten Kickbox Aerobic Instructors ein Manual an die Hand zu geben, mit dessen Hilfe die Kriterien der Technikausführung und -bewertung, die Unterrichtsplanung und -durchführung nachvollzogen werden können. Wenn daraus eine reflektierte Unterrichtspraxis resultiert, die für die Aktiven eine gefahrlose Ausübung, Spaß und gesteigerte Fitness bzw. erhöhtes Wohlbefinden bedeutet, dann haben wir unser Ziel erreicht!

In diesem Sinne

Auf geht's! Habt Spaß!

Jürgen und Axel

2 Die Zielgruppen

Kickbox Aerobic ist prinzipiell für *jeden* geeignet, der *keine akuten Gelenkprobleme* hat. Vorsicht bei *Bluthochdruck*!

Der Kickbox Aerobic Instructor sollte *differenzierten Unterricht* in *verschiedenen Leistungsstufen* anbieten, um Anfänger nicht zu über- und Fortgeschrittene nicht zu unterfordern.

Als Instructor findet man mit neuen Kursprogrammen wie den hier beschriebenen die Gelegenheit, den *Männeranteil* im allgemeinen Kursbereich zu *erhöhen*, wobei man im Speziellen bei Kickbox-Aerobic-Kursen die stärkste Zunahme männlicher Teilnehmer beobachten kann. Voraussetzung für die Motivation der Männer ist allerdings, dass der Kurs kampfsportspezifisch durchgeführt wird. Sobald im Kurs größere Choreographien erarbeitet oder regelmäßig Aerobicschritte in die Kombinationen eingebaut werden, läuft man schnell Gefahr, viele männliche Teilnehmer zu verlieren.

Eine weitere Zielgruppe sind die *Kinder*. Hier dient Kickbox Aerobic besonders dem Aggressionsabbau. Die Koordination wird verbessert, die Bewegungsausbildung ist vielseitig, und die Kinder haben viel Spaß. Kinder zum lauten Mitzählen zu motivieren ist um ein Vielfaches einfacher als bei den »vernünftigen« Erwachsenen. Stark motivierend sind für Kinder Trainingssequenzen mit Partner, mit Pratzen oder beides in Kombination. Hierbei sollte der Instructor besonders auf die *Disziplin der Gruppe* achten, um Verletzungen bei den Kindern zu vermeiden.

Kickbox-Aerobic-Kurse kann man auch sehr gut für Senioren anbieten. Hierbei sollte das Tempo allerdings dem Altersschnitt der Gruppe angepasst werden. Der Instructor muss sich, bevor er einen Kickbox-Aerobic-Seniorenkurs plant, intensiv mit dem Thema »Sport mit älteren Menschen« auseinandersetzen, um altersspezifischen Verletzungen vorzubeugen. Die Inhalte des Kickbox-Aerobic-Kurses müssen für Senioren angepasst werden. Hier kann man z.B. mehr Wert auf eine Kombination aus kampfsportspezifischer Kräftigung mit Schlag und Tritttechniken legen. Hi-Impact Schritte sowie schnelle Techniken sind in jedem Fall zu vermeiden.

3 Die koordinativen Fähigkeiten

Einfach ausgedrückt ist Koordination das aufeinander abgestimmte (im Hinblick auf ein Bewegungsziel) Zusammenspiel des Nerv-Muskelsystems.[1] Dieses Zusammenspiel beinhaltet synergetische Aktivierung von Muskeln bei Hemmung von Antagonisten, sequenzielle (= nacheinander, in Reihenfolge) Aktivierung bzw. Hemmung als auch die Höhe der Intensität der Aktivierung.[2] Ist dieses fein abgestimmte Zusammenspiel gestört, so kommt es zu erkennen, ungelenken, unökonomischen (z.B. zu viel Krafteinsatz), also unkoordinierten Bewegung. Die Arbeit des Nerv-Muskelsystems lässt sich nicht direkt beobachten, aber eine indirekte, mittelbare Beurteilung ist anhand der Betrachtung dessen »Endproduktes«, der koordinierten Bewegung, möglich.

Eine koordinierte Bewegung erfüllt folgende Kriterien:

- Präzision

Diese Präzision kann sich auf die *Ausführung*[3] beziehen (auch die 100. Wiederholung ist identisch mit der 1.) als auch auf die Treffgenauigkeit (auch wenn die Pratze unterschiedlich gehalten wird, ich treffe mit einer Technik die Mittel des Schlagpolsters!)

- Umfang

Das Ausmaß des Bewegungsumfangs richtet sich nach dem Grad der Flexibilität.[4] Je steifer der Ausführende ist d.h. je mehr Verkürzungen existieren und je mehr die Elastizität des Muskels verloren gegangen ist, um so geringer ist die Bewegungsamplitude. Neben der größeren Verletzungsgefahr ruft eine solche Bewegung beim Betrachter auch niemals den Eindruck von Mühelosigkeit und Leichtigkeit hervor, wie es eine großamplitudige Bewegung vermag.

---

[1] vgl. Meinel / Schnabel 1998, 38
[2] vgl. Loosch 1999, 192
[3] vgl. Roth / Willimczik 1999, 252
[4] vgl. Hohmann 2002, 241 ff.
  vgl. Meinel / Schnabel 1998, 136 f.

- Stärke

Speziell bei Tritt- und Schlagtechniken ist es notwendig, eine bestimmte Stärke zu entwickeln, um sie nicht ihres spezifischen Charakters zu berauben. Das zeigt sich auch deutlich beim Training an der Pratze (Schlagpolster), das den Vorteil hat, dem Übenden ein direktes Feedback über seine Schlagstärke zu ermöglichen.[5]

- Tempo

Jede Technik hat ein optimales Tempo, das beim Kickbox Aerobic im submaximalen Bereich liegen sollte, um Verletzungen zu verhüten. Der Rhythmus soll so bemessen sein, dass jede Technik optimal ausgeführt werden kann.[6] Saubere Technikausführung hat immer Vorrang vor Schnelligkeit!!!

- Bewegungsfluss

Bei Technikkombinationen (2 Techniken) und Technikserien (3 Techniken und mehr) kommt es zu einem Phänomenen, dass mit »Phasenverschmelzung«[7] bezeichnet wird. Das bedeutet, dass die Endphase der vorausgehenden Technik bruchlos in die Anfangsphase der nachfolgenden Technik übergeht. Es handelt sich also nicht nur um eine simple Aneinanderreihung von Einzeltechniken, sondern um etwas Neues.

- Bewegungskonstanz

Bewegungskonstanz bedeutet, dass ein Bewegungsmuster so weit gefestigt und ökonomisiert ist, dass es auch bei wechselnden Bedingungen wie andere Halle, anderer Boden, andere Musik u.a.m. keine Einbrüche erfährt und nahezu identische Bewegungsausführungen ermöglicht.[8]

---

[5] vgl. Fiedler 1997, 78
vgl. Zaar 2000, 183
[6] vgl. Meinel / Schnabel 1998, 138 f.
[7] vgl. Meinel / Schnabel 1998, 89 f. , 126 f.
[8] vgl. Meinel / Schnabel 1998, 89 f. , 132 f.

Diese Kriterien bilden für den Kickbox Aerobic Instructor ein gutes Bewertungsschema, mit dem er den Erfolg bzw. die Fortschritte seiner Schützlinge beurteilen kann.

Der komplexe Eindruck, den eine scheinbar mühelose, gut koordinierte Bewegung beim Betrachter hinterlässt, gibt jedoch noch keinen Aufschluss über Einzelfähigkeiten, die eine solche koordinierte Ausführung einer Bewegungshandlung möglich machen.

Einzelne koordinative Fähigkeiten sind als Abstraktion und als Potenzial zu betrachten. Erst das Zusammenwirken in verschiedener Gewichtung führt zur Aktualisierung in Form einer bestimmten Bewegungshandlung. Die Verdichtung und Herauskristallisierung unterschiedlicher koordinativer Einzelfähigkeiten lässt sich als Katalog koordinativer Einzelfähigkeiten darstellen:

- Gleichgewichtsfähigkeit

Viele der im Kickbox Aerobic angewandten Techniken sind solche, die auf einem Bein stehend ausgeführt werden (Tritte). Dadurch erfolgt eine Verbesserung der Gleichgewichtsfähigkeit, die auch im Alltag eine verbesserte Standfestigkeit und Gleichgewichtserhaltung nach sich zieht.

- Kopplungsfähigkeit

Arm-Bein-Kombinationen und umgekehrt, verbunden mit unterschiedlichen Schrittkombinationen, Laufwegen und rhythmischen Elementen wirken stimulierend auf die Fähigkeit, unterschiedliche Einzelelemente flüssig und ohne »Brüche« miteinander zu verbinden.

- Orientierungsfähigkeit

Laufwege, die Stellung zu den Mitübenden in der Trainingsformation, Drehungen fordern und fördern diese koordinative Fähigkeit.

- Reaktionsfähigkeit

Die Fähigkeit, auf ein gegebenes Signal zu reagieren, wird im Kickbox Aerobic bei Wechsel der Technikabfolgen und auf Kommandos der Kickbox Aerobic Instructors aktualisiert.

- Rhythmisierungsfähigkeit

Hierunter wird die Anpassungsfähigkeit an *äußere* (im Kickbox Aerobic die Musik und die Ausführung des Kickbox Aerobic Instructor) und die Realisierung *innerer* Rhythmen verstanden.

- Umstellungsfähigkeit/Koordination unter Zeitdruck

Fähigkeiten, die im Kampf von entscheidender Bedeutung sind, spielen im Kickbox Aerobic nur eine untergeordnete Rolle.

- Differenzierungsfähigkeit

Die Fähigkeit, räumliche, zeitliche und intensitätsabhängige Parameter exakt einordnen zu können, hat im Gegensatz zum Kampf im Kickbox Aerobic nur eine nachgeordnete Bedeutung.[9]

Fazit: Kickbox Aerobic ist ein sehr gut geeignetes Mittel, um nahezu umfassend eine Schulung der koordinativen Fähigkeiten zu gewährleisten!

---

[9] zur Abgrenzung koordinativer Einzelfähigkeiten vgl. Meinel / Schnabel 1998, 210-223 Loosch 1999, 223-238

4 Die Funktionen des Kickbox Aerobic Instructors im Unterricht

Der Kickbox Aerobic Instructor ist im Unterricht multifunktional gefordert. Allgemein gesprochen ist er der *Motor*, der die Unterrichtseinheit in Bewegung hält. Dazu gehören neben der *persönlichen Ausstrahlung*, die durchaus bis zu einem gewissen Grad trainierbar ist (!), Fähigkeiten im *animativen* und *motivationalen* Bereich.

Im motorischen Bereich muss er ein *Bewegungsmodell* verkörpern, dass nahezu im optimalen Bereich liegt. Dazu gehört zum theoretischen Rüstzeug, dass er über fundierte Kenntnisse in *funktioneller Anatomie, Bewegungslehre und Trainingswissenschaft in Anwendung auf Kickbox Aerobic (!)* verfügt.

Spätestens an dieser Stelle dürfte klar geworden sein, dass wir einen Idealtyp skizzieren, den es in dieser Form nicht gibt!

Statt sich nun aber frustriert von dieser »hochgestochenen Kopfgeburt« abzuwenden, sollten die vorstehenden Sätze und Eigenschaften als *Rahmen* und *Orientierungsleitfaden* aufgefasst werden, anhand dessen man Aufschlüsse darüber erhält, in welche Richtung und in welchen Teilbereichen die eigene Fortentwicklung vorangetrieben werden muss! Das schon ziemlich abgegriffene Bonmot vom lebenslangen, kontinuierlichen Lernen gilt auch hier, mehr noch als anderswo, da das Kickbox Aerobic in der Entwicklung und noch in der Versuchsphase ist.

Die vorstehenden Eigenschaften und Fähigkeiten zeigen sich vor allem - neben der mitreißenden Gestaltung der Unterrichtseinheit - bei der *Technikdemonstration* und der *Fehlerkorrektur*. Beide Tätigkeiten setzen *theoretische Kenntnisse* um die *»Knackpunkte«* einer Technik und entsprechendes *Bewegungssehen* voraus.

Was macht nun eine gute Technik- bzw. Bewegungsdemonstration aus? Wofür muss der Kickbox Aerobic Instructor sorgen?[10]

---

[10] vgl. Lippmann 2001, 46

Als Antwort hier eine kleine Aufzählung (durch eigene Erfahrungen ergänzen!):

- Ungehinderte Sicht für alle Aktiven herstellen (Vorschlag: Halbkreisaufstellung);
- Demonstration der Technik aus *verschiedenen Perspektiven* (von vorne, von der Seite, halbschräg,..., je nachdem, welche Facette man hervorheben möchte);
- Aufzeigen der »Knackpunkte« mit kurzen, schlagwortartigen Beschreibungen;
- Einsatz von *Orientierungshilfen* (Linien auf dem Boden, Hilfsmittel wie Theraband o.ä.) und *Metaphern*;
- Bei geschwätziger Veranlagung Drosselung des Wortdurchfalls, um eine Überfütterung der Aktiven mit Informationen zu vermeiden;
- Selbstkritische Einschränkung: nicht Selbstdarstellung ist das Ziel (»schaut her, wie toll ich bin und was sich alles kann, ätsch!«), sondern Informationsweitergabe, abgestimmt auf das Niveau der Aktiven.

Die *Fehlerkorrektur* ergibt sich aus der Art der Bewegungsdemonstration. Grundsätzlich sollte der Kickbox Aerobic Instructor versuchen, *individuell zu korrigieren*. Angesichts der Massen, die die Kickbox-Aerobic-Kurse »überschwemmen«, ist das in den meisten Fällen illusorisch. Also werden die prozentual am häufigsten gemachten Fehler vorgestellt und *in der Gruppe korrigiert*. (*Merke:* Nie mehr als zwei Punkte auf einmal ansprechen!!!)[11]

Falls möglich, sollten ergänzend zum regulären Kickbox-Aerobic-Unterricht *Technikschulungen*, *Workshops* und andere Veranstaltungen angeboten werden.

Sehr sinnvoll ist eine Einteilung in *Leistungskurse*, da dadurch das Fehleraufkommen homogenisiert und damit leichter korrigierbar wird.

Der Trainer muss sein Fach beherrschen und überzeugen, sowohl in der Technik, im Auftreten und im Stundenaufbau.

---

[11] vgl. Lippmann 2001, 47

Einsteigern sollte er vor der ersten Stunde erklären, worauf zu achten ist. Hierbei muss auf jeden Fall auf die Vermeidung heftiger Gelenkanschläge hingewiesen werden.

Allgemein ist der Trainer für das Wohlbefinden der Teilnehmer im Kurs verantwortlich. Den Teilnehmern müssen während des Kurses Trinkpausen eingeräumt werden (alle 15 bis 20 Minuten). Weiterhin soll auch trockene Kleidung für die Zeit nach dem Kurs empfohlen werden. Selbstverständlich ist auch während des Kurses für genügend Frischluft zu sorgen.

Die Stunde ist für den Instructor keine Trainingseinheit und sollte auch nicht als Möglichkeit zur Selbstdarstellung missbraucht werden. Die Aufgabe des Instructors besteht darin, den Teilnehmern Techniken, Spaß und Ausdauer zu vermitteln.

Um den Teilnehmern einzelne Techniken oder ganze Kombinationen in ihrem ursprünglichen Sinn vor Augen zu führen, können Kampfsituationen beschrieben oder sogar mit Partner simuliert werden. Standardkampfsituationen sollten dem Instructor bekannt sein.

Ein Problem im Kickbox Aerobic können Kampfsportler werden, die Karate, Taekwondo oder ähnliche Disziplinen betreiben. Diese verkennen oft, dass die Ausführung der ihnen bekannten Techniken zum Rhythmus der Musik etwas anderes darstellt als das ihnen vertraute Training. Trotz teilweise vorhandener technischer Überlegenheit ist darauf zu achten, dass diese Sportler sich in die Gruppe einfügen und Sonderwege gehen.

5 Aufstellungsformen und Laufwege im Kickbox Aerobic

Die Arten der Aufstellungsformen sind davon abhängig, wie viele Aktive vorhanden sind und welche Funktionen mit ihrer Anwendung erfüllt werden sollen.

Die Aktiven müssen einen *ungehinderten Blickkontakt* zum Instructor erhalten, und die Techniken dürfen nicht in ihrer Ausführung *durch andere Teilnehmer* behindert werden. Weiterhin darf keine Gefährdung anderer Aktiver durch *Platzmangel* erfolgen.

Unter Beachtung dieser Gesichtspunkte bieten sich folgende *Aufstellungsformen* an:

a) Karree

```
      KBI
                    KBI  = Kickbox Aerobic Instructor
 Λ  Λ  Λ  Λ
                     Λ   = Teilnehmer
 Λ  Λ  Λ  Λ

 Λ  Λ  Λ  Λ
```

Dies ist die Standardaufstellungsform bei normaler Teilnehmerzahl.

b) Versetztes Karree

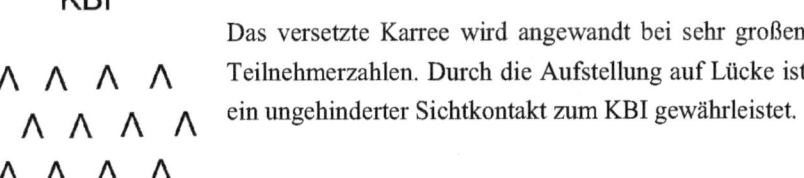

Das versetzte Karree wird angewandt bei sehr großen Teilnehmerzahlen. Durch die Aufstellung auf Lücke ist ein ungehinderter Sichtkontakt zum KBI gewährleistet.

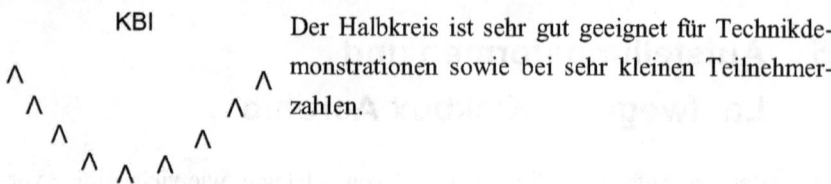

Der Halbkreis ist sehr gut geeignet für Technikdemonstrationen sowie bei sehr kleinen Teilnehmerzahlen.

Folgende *Laufwege* haben sich als praktikabel erwiesen:

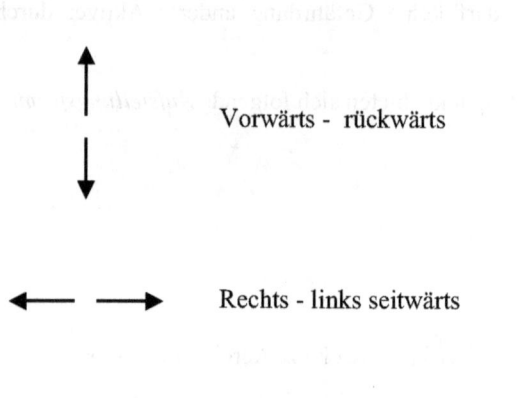

Vorwärts - rückwärts

Rechts - links seitwärts

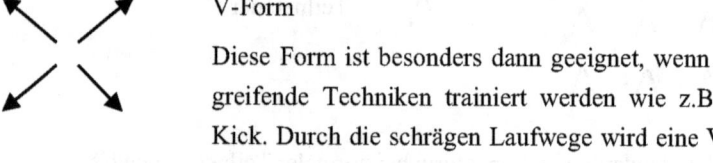

V-Form

Diese Form ist besonders dann geeignet, wenn raumgreifende Techniken trainiert werden wie z.B. Side Kick. Durch die schrägen Laufwege wird eine Verletzungsprophylaxe intendiert.

6 Die Techniken im Kickbox Aerobic

Das innovative Element des Kickbox Aerobic besteht darin, Elemente und Techniken aus den Kampfsportarten in den Ablauf der Unterrichtseinheit zu integrieren. Dieser technische Fundus entstammt vornehmlich den Kampfsportarten Taekwondo, Karate, Kickboxen und Boxen. Der Vorteil dieser Kampfbewegungen liegt in der Tatsache begründet, dass diese Bewegungen alle Ganzkörperbewegungen sind, da ihre ursprüngliche Funktion darin bestand, möglichst viel Kraft bzw. Masse in die Ausführung zu legen, um eine maximale zerstörerische Wirkung zu erreichen. Durch diese ganzheitliche Ausführung stellen sich hohe koordinative Anforderung an den Instructor und die Aktiven und bedürfen permanenter Verbesserung und Korrektur, um gefahrlos und mit dem größten Nutzen für die Aktiven ausgeübt werden zu können. Idealerweise ist ein Kickbox Aerobic Instructor in beiden Bereichen gleichermaßen versiert. In der Realität überwiegen jedoch die, die als Aerobic Instructors ihr Potenzial um eine interessante, zukunftsträchtige Variante erweitern wollen. Die von den großen Verbänden angebotenen zwei- bis viertägigen Ausbildungen zum Basis-Instructor können naturgemäß nur eine ungefähre Vorstellung des Bereichs und eine grobe, vorläufige Selbstrealisation vermitteln. So bleibt für den seriösen Kickbox Aerobic Instructor nur der Weg, sich durch

- Technikkurse,
- Workshops und
- bestenfalls die Aufnahme eines regulären Kampfsporttrainings

weiterzubilden. Weit verbreitet ist die Ausführung der Techniken ohne eine Vorstellung darüber, was eine Ausführung der Techniken im Kampf bedeutet. Die Auswirkung dieser Ignoranz reicht von unfunktioneller, lächerlicher bis hin zu gesundheitsschädlicher Ausführung der Techniken. Wir stellen deshalb die Techniken nach folgenden Kriterien dar:

1. Anwendung im Kampf
2. Beschreibung und Analyse der wichtigsten Kernpunkte
3. Häufige Fehler und Fehlerkorrektur

4. Anwendungen am Schlagpolster (= Pratze) als Möglichkeit der speziellen Kraftentwicklung für die jeweilige Technik

6.1 Die Ausgangshaltung

Nach diesen Vorbemerkungen wollen wir mit der Darstellung der *Ausgangshaltung (= Kampfstellung)* als der Basis der Techniken beginnen:

Die Kampfstellung soll so gewählt werden, dass sie

- freie Beweglichkeit vorwärts, rückwärts und seitwärts ermöglicht;
- die Ausführung von Techniken mit den Extremitäten ohne große Gewichtsverlagerungen und »Zwischenschritte« erlaubt;
- bequem einzunehmen und beizubehalten ist.

Die Lösung dieser Anforderungen sieht so aus:

- Der Aktive steht mit parallel ausgerichteten Füßen.
- Die Ellbogen liegen locker auf den Rippen.
- Die Arme werden gebeugt, bis die Fingerspitzen aneinander liegen.

- Die Fäuste werden geballt.

- Mit dem linken Fuß einen Schritt vorwärts oder mit dem rechten Fuß einen Schritt rückwärts machen.
- Die Knie sind leicht gebeugt, die hintere Ferse ist vom Boden abgehoben.[12]

Diese sog. »Linksauslage« berücksichtigt, dass die stärkere Hand der meisten Menschen die rechte und deshalb hinten ist (»Schlaghand«), während die linke Hand (sog. »Führhand«) vorn liegt.

---

[12] vgl. Ko 1980, 40

6.2 Die Bewegung aus der Kampfstellung

6.2.1 Beschreibung und Analyse

- Linker Fuß vor (Gleitschritt), rechter Fuß wird nachgezogen, so dass immer der gleiche Abstand gewahrt bleibt.

- Rechter Fuß zurück, linker vorderer Fuß wird nachgezogen.

Dieses Prinzip, sich als Ganzheit zu bewegen, wird auch bei den Seitwärtsbewegungen nach links und nach rechts gewahrt.

6.2.2 Fehler und Fehlerkorrektur

Fehler	Fehlerkorrektur
- Beine werden durchgedrückt (»Holzbeine«)	- Vorstellung einer niedrigen Zimmerdecke
- Ellenbogen wird vom Körper entfernt gehalten (»Hähnchenflügel«)	- Gegenstand (Blatt Papier, Theraband o.ä.) zwischen Ellbogen und Rippen geklemmt halten

Fehler	Fehlerkorrektur

- Bei der Vorwärtsbewegung wird das hintere Bein nicht nachgezogen	- Theraband zwischen Fußgelenken oder Kniegelenken spannen

Die Kampfstellung wird im Kickbox Aerobic sowohl als Linksauslage als auch als Rechtsauslage eingenommen. Übe ebenfalls schnelle Auslagenwechsel!

6.2.3 Steps

6.2.3.1 One Step

6.2.3.1.1 Beschreibung und Analyse

Im Kampf dienen die Steps der Distanzregulation, d.h. ein Kämpfer bringt sich durch geeignete Schritttechniken in eine optimale Distanz und Position, von der aus angegriffen wird.

Der One-Step lässt sich als *Vor- bzw. Rückwärtsschritt mit Auslagenwechsel* definieren. Die Schrittlänge entspricht der eines normalen Schrittes. Während des Schrittes verändert sich die Kopfhöhe nicht, d.h. die *Knie bleiben während der gesamten Aktion gebeugt*.

6.2.3.2 Change Step (Auslagenwechsel)

6.2.3.2.1 Beschreibung und Analyse

Aus der Kampfstellung heraus wird das vordere Bein mit einem Gleitschritt zurückgebracht, während das hintere Bein gleichzeitig nach vorne gleitet (»Schenkel schleifen aneinander vorbei«). Mit dem Stellungswechsel der Beine wechselt auch die Haltung der Arme.

6.2.3.3 X-Step (Step mit Überkreuzen der Beine)

6.2.3.3.1 Beschreibung und Analyse

Dieser Step wird vorwärts/rückwärts als auch seitlich ausgeführt.

Vorwärts:

Das hintere Bein wird vor das vordere gebracht. Die *Knie bleiben gebeugt*, die *Kopfhöhe verändert sich nicht*. Nach dem Überkreuzen wird das linke Bein zur ursprünglichen Kampfstellung nach vorne abgesetzt.

Seitlich:

Aus der Reiterstellung überkreuzt das Bein *vor* oder *hinter* dem anderen. Die *Knie bleiben gebeugt*, die *Kopfhöhe bleibt während der Bewegung gleich*.

6.2.3.3.2 Fehler und Fehlerkorrektur (One-Step, Change Step, X-Step)

Fehler	Fehlerkorrektur
- Körperschwerpunkt bewegt sich während des Step auf und ab	- Visualisation: »Niedrige Zimmerdecke« - Partner legt von hinten die Hände auf die Schultern
- Knie sind durchgedrückt	- Steppen auf der Stelle mit Betonung der Pufferfunktion der Knie - Visualisation: »Niedrige Zimmerdecke«

6.3 Die Armtechniken im Kickbox Aerobic

6.3.1 Der Jab

(»Führhand«, Stoß mit der vorderen Faust, japanisch Oi-Tsuki/Kizami-Tsuki)

6.3.1.1 Kampfmäßige Anwendung

Roundhousekick wird geblockt, Konter mit Jab.

6.3.1.2 Beschreibung und Analyse

Aus der Kampfstellung (falls nicht anders dargestellt, beziehen wir uns immer auf die Linksauslage, das heißt, das linke Bein steht vorn) erfolgt durch Abdruck aus dem rechten Fußballen ein schneller Schritt nach vorn, begleitet von einem Nachziehen des rechten Fußes.[13] Gleichzeitig streckt sich der linke Arm und die Faust trifft das (imaginäre) Ziel. Die linke Schulter wird etwas nach vorn geschoben. Der Stoß gewinnt seine Kraft aus der explosiven Vorwärtsbewegung (= Translationsbewegung) des ganzen Körpers. Trefferzeitpunkt ist idealerweise

---

[13] vgl. Fiedler 1997, 31 f.
vgl. Ellwanger 1998, 51 f.
vgl. Jhlo 1981, 46

vor dem Aufsetzen des linken Fußes oder zumindest gleichzeitig. Wir empfehlen, die Steilfaust zu benutzen, das heißt der Daumen zeigt nach oben.[14]

Diese Haltung hat mehrere Vorteile. Sie ermöglicht eine *größere Stabilität des Handgelenks* (wichtig beim Trainieren an der Pratze!), da die Unterarmknochen nicht wie bei der eingedrehten Faust überkreuzt sind.

Durch das Eindrehen der Faust kommt es gerade bei Anfängern zu *Schlingerbewegungen*, die das richtige Bewegungsbild beeinträchtigen und die Schädigungsmöglichkeiten für das Ellenbogengelenk - speziell bei Überstreckung - erhöhen.

Die Korkenzieherbewegung der Faust bewirkt auch eine *Verlangsamung der Bewegung*. (Probiert mal einen Doppeljab mit derselben Faust - einmal mit

---

[14] vgl. Ellwanger 1998, 52

Steilfaust und einmal mit eingedrehter Faust - und ihr werdet sehen, was wir meinen!)

Zur *richtigen Bewegungsbahn* hier eine kleine Übung. Die Aktiven stehen im Parallelstand, Füße hüftbreit voneinander entfernt und heben ihre Arme bis in Kinnhöhe. Die Arme werden im Handgelenksbereich überkreuzt (links über rechts). Der rechte Arm wird in die Deckungshaltung zurückgenommen, und schon sieht das Ganze nahezu perfekt aus!

6.3.1.3 Fehler und Fehlerkorrektur

Fehler	Fehlerkorrektur

- Oberkörper wird zurückgelegt (→ mangelnde Bauchmuskelspannung)	- isometrische Spannung in der Endstellung der Technik gegen die Hand des Partners aufbauen

Fehler	Fehlerkorrektur
- Faust trifft zu spät	- Partner »zieht« mit einem Theraband und gibt dadurch den Impuls, die Vorwärts-Ganzkörperbewegung mit der Faust zu beginnen
- Schlingerbewegung	- Arme überkreuzen, Steilfaust

6.3.1.4 Pratzentraining

- Ein Partner hält die Pratze in der linken Hand, dass der Übende mit Ausfall- und Nachziehschritt leicht diagonal schlagen muss.

- Beide Partner stehen sich in Links- und Rechtsauslage gegenüber. Die Pratze wird in der hinteren Hand gehalten. Wechselseitig schlagen!

6.3.2 Der Punch

(syn. »Cross«, »Schlaghand«, japanisch Gyaku-Tsuki)

Aus der Kampfstellung heraus wird der Punch mit der hinteren Faust ausgeführt. Während der Jab seine Kraft aus der *Vorwärtsbewegung* (= *Translation*) des Körpers bezieht, resultiert die Schlagkraft des Punchs aus der *Rotation um die Körperlängsachse*,[15] dem *Vorbringen der Schlagschulter* und dem *Abdruck aus dem hinteren Fußballen.*

6.3.2.1 Beschreibung und Analyse

Aus der Kampfstellung heraus wird die rechte *Hüfte explosiv nach vorn eingedreht.* Der *Körperschwerpunkt* wird dabei etwas *abgesenkt.* Der Impuls für diese Aktion kommt aus einem Vorwärtsdruck aus dem hinteren Fußballen.[16] Um der rechten Hüfte zu ermöglichen, nach vorn zu kommen, wird der rechte Fuß dabei so weit gedreht, dass die *rechte Ferse etwas nach außen zeigt.* Die linke Faust wird zum Kinn zurückgezogen, während die rechte stößt (biomechanisches Prinzip der Gegenwirkung). Merke: je schneller die linke Faust zurückgezogen wird, um so schneller ist der eigentliche Fauststoß! Nach dem Punch wird wieder die neutrale Kampfstellung eingenommen. Durch Rotationsbewegung entwickelt der Punch eine größere Schlagkraft als der Jab.

Jab und Punch stellen als Techniken eine Art Prototypen dar, weil sie unterschiedliche Wirkungsprinzipien verkörpern. Der Kickbox Aerobic Instructor muss diese Unterschiede im Unterricht herausarbeiten und immer wieder deutlich machen! Fast alle Techniken lassen sich in der Jab-Form (auf der Seite des vorn stehenden Beines) oder/und in der Punch-Forum (auf der Seite des hinteren Beins) ausführen. Die explosive Translation und Rotation lassen sich auch als isolierte Elemente in den Kickbox-Aerobic-Unterricht einbauen.

---

[15] vgl. Ellwanger 1998, 78
[16] vgl. Biedler 1997, 36
    vgl. Kürzel / Wastl 1997, 31

6.3.2.2 Fehler und Fehlerkorrektur

Fehler	Fehlerkorrektur
 Hüfte wird nicht eingedreht	 - Druck in der Endstellung der Technik gegen die Hand des Partners durchführen lassen - Ferse des hinteren Beins nach außen drehen - isoliertes Eindrehen der Hüfte
Vordere Faust wird nicht schnell genug zum Kinn/Kiefer zurückgezogen	 Handtuch/Theraband o.ä. in beide Fäuste nehmen, Verlauf hinten am Nacken vorbei

Fehler	Fehlerkorrektur
- Bewegungsbahn ist nicht geradlinig	
	- Arme ausstrecken, am Handgelenk überkreuzen - Übung an der Pratze

6.3.2.3 Pratzentraining

Pratzenträger hält die Pratze in der rechten Hand neben dem Gesicht, das rechte Bein ist zurückgestellt.

Damit die *Hüftdrehung* und *Verwringung* des Oberkörpers beim Übenden erreicht wird, ist sicherzustellen, dass immer diagonal geschlagen wird.

6.3.3 Backfist

(Rückfaustschlag, japanisch Uraken)

Der Rückfaustschlag ist ein schneller, geschnappter Schlag zur Nase oder zur Schläfe.[17] Er wird im Großteil der Fälle in der Jab-Form ausgeführt, um eine Kombinationen einzuleiten oder als Konter.

Es existieren zwei Ausführungsweisen:
- der Schlag wird in der Horizontalebene ausgeführt;
- 45° abwärts.

»Geschnappt« bedeutet, dass das Hauptaugenmerk auf dem *Zurückziehen des Schlages* liegt, als ob ich eine heiße Herdplatte berührt hätte.

6.3.3.1 Kampfmäßige Ausführung

Der Angriff mit Punch wird weitergeleitet.

---

[17] vgl. Zaar 2000, 128
vgl. Nishiyama 1959, 86 f.
vgl. Nakayama 1966, 121 ff.

Das Handgelenk des Angreifers wird gefasst, in Angriffsrichtung gezogen und der Backfistkonter zum Kopf geschlagen.

6.3.3.2 Beschreibung und Analyse

Aus der Kampfstellung wird der Faustrücken mit Vorwärtsbewegung des vorderen Fußes (= Jab-Form) oder Rotation (= Punch-Form) ins Ziel geschnappt und *direkt wieder in die Ausgangshaltung zurückgenommen.*

Die Gefahr bei der Ausführung der Technik besteht in einer Überstreckung des Ellbogen. Die Aktiven müssen bei der Erlernung dieser Technik ein Gefühl für den Endpunkt entwickeln, das heißt die Technik trifft, wenn der Ellbogen noch eine leichte Beugung aufweist.

Merke: <u>Niemals</u> in die vollständige Streckung oder Überstreckung der Gelenke schlagen!!! (Das gilt für alle Techniken!)

6.3.3.3 Fehler und Fehlerkorrektur

Fehler	Fehlerkorrektur
- Ellbogen wird überstreckt	- Isoliertes Üben der Rückschnappphase
- Falsche Bewegungsbahn	- Richtige Bewegungsvorstellung schaffen, an der Pratze üben lassen
- Schlagbewegung ist zu langsam	- Visualisation: Gummiband zwischen Faust und Ziele gespannt

6.3.3.4 Pratzentraining

- Partner hält die Pratze mit der Auftrefffläche 45° aufwärts gerichtet oder Haltung vertikal

6.3.4 Hook

(Haken, japanisch Mawashi-Tsuki/Shita-Tsuki)

Die Haken bilden eine Klasse von Techniken, die im Nahkampf Anwendung finden. Die Distanz im realen Kampf ist wesentlich geringer als es für Jab, Punch und Backfist der Fall ist.

Die grundlegende Idee der Haken ist es, »um die Deckung des Gegners herum« zu schlagen. Durch die kurze Distanz zum Ziel ist es von großer Bedeutung, die Haken als Ganzkörperbewegung auszuführen, um ihnen Schlagkraft zu verleihen. Isolierte wilde »Schwingerbewegungen« nur aus der Schulter heraus sind erstens unwirksam und können zweitens zu Zerrungen und Schädigungen im Schulterbereich führen. Da die Schulter ein für Verletzungen sehr anfälliges Gelenk darstellt, muss bei der Einübung der Haken sehr sorgfältig verfahren werden.

Im Kickbox Aerobic kommen folgende Hooks zur Anwendung:

- side Hook (Ziel: Schläfe, Kiefer)[18]
- middle Hook (Ziel: Leber, kurze Rippen)[19]
- Uppercut (Ziel: Kinn)[20]

Diese Hooks werden im folgenden gemeinsam behandelt, da sie auf gleichen Gesetzmäßigkeiten basieren.

6.3.4.1 Kampfmäßige Anwendung

Hook rechts wird ausgependelt und mit linkem Hook gekontert.

---

[18] vgl. Horn 1996, 57
[19] vgl. Ellwanger 1998, 87 f.
[20] vgl. Fiedler 1997, 55

Angriff Roundhousekick wird mit rechtem Ellbogen und rechter Körperseite abgefangen, Kontrolle des Gegners durch Griff zur Schulter und Hereinziehen in den Hook-Konter links.

Jab-Angriff links wird durch Unterarmblock abgeleitet und durch Uppercut unter dem Angriffsarm des Gegners hindurch gekontert.

6.3.4.2 Beschreibung und Analyse

Die Hooks können in *Jab-Form* oder in *Punch-Form* geschlagen werden. Beide Formen finden im Kickbox Aerobic Anwendung. Wir beginnen mit der Punch-Form, da sie einfach zu erlernen ist und mit ihr durch die Rotationsbewegung mehr Schlagkraft entwickelt werden kann.

Jeder Hook beginnt mit einer *gegenläufigen Drehung* (= Wegdrehen der Schlagschulter vom Ziel) und einem *Absenken des Körperschwerpunkts* (= in die Knie gehen). Ohne diese Bewegungen abrupt unterbrechen, erfolgt die Einleitung der Technik durch ein Eindrehen zum Ziel verbunden mit einer Streckung aus den Knien heraus. Aus dieser »runden« Einleitungsbewegung heraus wird der jeweilige Hook geschlagen.

6.3.4.2.1 Side Hook

Der Unterarm wird parallel zum Boden eingestellt, die Fausthaltung entspricht entweder der Steilfaust (= Daumen zeigt nach oben) oder der eingedrehten Faust (= Daumen zeigt zum Ausführenden). Die Einstellung dieser Fausthaltung erfolgt so ökonomisch wie möglich, die Kraftübertragung geschieht durch die Rotation des Rumpfes.

6.3.4.2.2 Middle Hook

Die Schlagfaust wird so gedreht, dass die *Finger nach oben* und der *Daumen nach außen* zeigen. Der Ellbogen Schlagarms liegt *vor den eigenen kurzen Rippen* (Visualisation: die Hüfte schiebt die Schlagfaust nach vorn).

6.3.4.2.3 Uppercut

Bei dieser Hakenform erfolgt eine *stark betonte Aufwärtsbewegung aus den Knien*. Der Unterarm der Schlaghand wird vor der Mittellinie des Körpers in Stellung gebracht, die Schlagfaust wird so gedreht, dass die Finger zum Körper und der Daumen nach außen zeigen. (Vorstellung: durch die beiden Deckungsarme des Partners hindurch zum Kinn schlagen.) Die Bewegungsrichtung des Schlages ist vorwärts-aufwärts.

Während bei der hier gegebenen Beschreibung der Hooks in der Punch-Form genug Schlagkraft durch die Kombination aus Streckung der Knie und Rotationsbewegung des Rumpfes erreicht wird, ist das bei der Jab-Form schwieriger, da der Weg zum Ziel kürzer ist. Die Kraftentwicklung wird hierbei durch ein scharfes Auswärtsdrehen der Ferse des vorderen Fußes erreicht. Dadurch ist es möglich, die vordere Hüfte einzudrehen und somit den Schlag zu verstärken.

6.3.4.3 Fehler und Fehlerkorrektur

Fehler	Fehlerkorrektur
- Fehlende Beugung in den Knien	- Seitlich angedeuteter Schlag zum Kopf → Abtauchen, in der Streckphase schlagen
- Mangelhafte Rotation	- isometrische Anspannung in der Endstellung der Technik gegen die Hand des Partners
- Falscher Auftreffwinkel	- Pratzenübung mit »Einfrieren« der Technik in der Endstellung

6.3.4.4 Pratzentraining

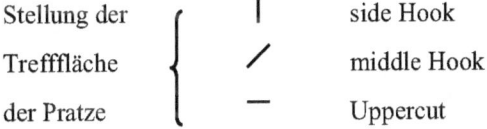

Falls Zauberleinen vorhanden sind, lassen sich diese dazu verwenden, dass Abtauchen unter den Zauberleinen hindurch in das Pratzentraining zu integrieren.

6.3.5 Elbow

(Ellbogenschlag, japanisch Hiji-Uchi)

Ellbogenschläge sind vor allem eine Spezialität des Muay Thai (Thaiboxen). Ellbogentechniken sind extrem wirkungsvolle Nahkampftechniken. Für den Gebrauch im Kickbox Aerobic eignen sich in erster Linie diese drei Varianten:

- Ellbogenschlag halbkreisförmig vorwärts = roundhouse Elbow
- Ellbogenschlag seitwärts = side Elbow

    (in *einfacher* oder auch *doppelter* Ausführung)
- Ellbogenschlag rückwärts = back Elbow

Während die erste Variante von der Bewegungsstruktur her mit den Hooks verwandt ist, handelt es sich bei Variante 2 und 3 um geradlinige Techniken.

6.3.5.1 Kampfmäßige Anwendung

Punch-Angriff rechts wird mit der Handfläche weitergeleitet und mit roundhouse Elbow gekontert

Roundhouse Kick zum Kopf wird nach dem Block mit side Elbow zum Gesicht gekontert

Back Elbow gegen Umklammerung von hinten

6.3.5.2 Beschreibung und Analyse

Für den *roundhouse Elbow* trifft für den *Hüfteinsatz* und das *Eindrehen des Fußes* dasselbe zu wie für die Hooks.

Die Ellenbogen beschreibt eine *aufsteigende Kurve*, bis er mit scharfer Hüftdrehung unter einen ca. *45° Winkel abwärts* ins Ziel geschlagen wird.[21] (Die Bewegung ist nahezu genauso, als ob ich jemandem eine Ohrfeige geben wollte, es mir im letzten Augenblick überlegte und die Hand zum eigenen Körper zurück zöge.)

Perspektive: von der Seite   von vorn

---

[21] vgl. Ashihara 1989, 54 f.

Der *back Elbow* wird aus einer Seitwärtsbewegung heraus ausgeführt. Der nach vorne ausgestreckte Schlagarm wird an der Körperseite entlang geschleift und nach hinten gestoßen, bis die Faust die Achselhöhle erreicht.[22] Die freie Hand liegt über der Faust des Schlagarms und verstärkt den Stoß nach hinten.

Beim *side Elbow* wird der Schlagarm in einer Ausholbewegung *quer vor die Brust* genommen.[23] Der Stoß erfolgt zur Seite, verstärkt von der freien Hand. Die Faust auf der Seite des stoßenden Ellenbogens muss in Höhe der Brustwarze stoppen, da sonst der Stoß nicht mehr geradlinig ist, sondern in gekrümmter Bahn nach hinten geht.

---

[22] vgl. Nakayama 1966, 128
[23] vgl. Nakayama 1966, 127

Eine Sonderform für den Einsatz im Kickbox Aerobic stellt der *double side Elbow* dar. Es gilt das, was für den Einsatz des side Elbow gesagt wurde. Der *double side Elbow* hat kein kampfmäßiges Äquivalent.

6.3.5.3 Fehler und Fehlerkorrektur

Fehler	Fehlerkorrektur
- s. Hooks - Arm wird nicht genug gebeugt	- s. Hooks - richtige Bewegungsvorstellung schaffen → Ohrfeige, wobei die Hand im letzten Augenblick weggenommen wird - Übung an der Pratze
- Arm schleift nicht an der Körperseite entlang nach hinten	- Übung in Zeitlupe
- Ellenbogen wandert zu weit nach seitlich hinten	- Verbaler Hinweis, Begrenzung der Bewegung durch den Partner

6.3.5.4 Pratzentraining

Die Pratze wird mit der Trefferfläche leicht nach oben gehalten und mit der freien Hand unterstützt.

Für die geraden Stoßbahnen von side Elbow und back Elbow werden die Pratzen vertikal gehalten.

6.3.6 Chop

(Handkantenabwehr, japanisch Shuto-Uke)

Der Chop ist eine Technik aus dem traditionellen Karate bzw. Taekwondo. Er wird in der Grundschule und in den formalisierten Partnerübungen der klassischen Stile angewandt. Der Kampfwert ist gleich null, trotzdem findet er im Kickbox Aerobic seinen Platz, da er eine sehr schöne Technik ist und traditionell überlieferte Techniken repräsentiert.

6.3.6.1 Beschreibung und Analyse

Der Chop wird aus der Seitwärtsbewegung (Reiterstellung) ausgeführt. Die Beschreibung erfolgt für einen linken Chop. Aus der Reiterstellung werden beide Arme in einer Ausholbewegung nach rechts geführt. Der rechte Arm wird gestreckt zur Seite geführt, die Handfläche zeigt nach unten. Der linke Arm wird mit der Handfläche nach oben vor dem Körper in Solar-Plexus-Höhe in Stellung gebracht. Beide Arme werden in gleichsinnig nach links in Abwehrstellung gebracht. Der rechte Arm liegt wie ein Tablett vor dem Solar Plexus, während der linke mit der Handkante abwehrt.[24] Der linke Arm ist ca. 90° gebeugt.

---

[24] vgl. Nakayama 1966, 207 f.
vgl. Gil 1978, 40

6.3.6.2 Fehler und Fehlerkorrektur

Fehler	Fehlerkorrektur
- Der abwehrende Arm wird gestreckt	- Mit Hilfe eines langen Stocks die richtige Ableitung eines Angriffs auf zeigen
- Der Ellbogen des abwehrenden Arms ist nicht innerhalb der Körpergrenzen	- Ellbogen zuerst an die Körperseite pressen, dann in die richtige Position vorschieben

6.3.6.3 Pratzentraining

Gegen die schräg gehaltene Pratze

6.4 Die Beintechniken im Kickbox Aerobic

Für viele der Teilnehmer an den Kickbox-Aerobic-Kursen stellen die Tritt-Techniken den faszinierendsten Aspekt des Kickbox Aerobic dar, da hier am ehesten die Verbindung zu dem martialischen Teil dieser Aerobic-Form gesehen wird. Während der Gebrauch der Hände in unserer Kultur auf vielfältigen Bewegungserfahrungen beruht und damit der Transfer ins Kickbox Aerobic nur auf mäßige Schwierigkeiten stößt, sieht dies beim Benutzen der Beine schon anders aus. Hierbei werden große Anforderung an die koordinativen Fähigkeiten gestellt (allen voran: Gleichgewichtsfähigkeit!). Damit stellen die Beintechniken eine große Herausforderung für die Aktiven dar, die es zu meistern gilt.

6.4.1 Knee Kick

(Knietritt, japanisch Hiza-Geri)

Der Knee Kick ist - wie der Ellbogenschlag - eine Technik für den extremen Nahkampf. Darüber hinaus bildet die *Grundlage für die meisten weiterführenden Tritte*. Ein genaues Verständnis für die Körpermechanik dieses Tritts ist für das Erlernen weiterer Tritte notwendig, da die Kraftentfaltung der meisten Tritte auf dem Ganzkörpereinsatz, wie er im Knietritt trainiert wird, beruht.

6.4.1.1 Kampfmäßige Anwendung

Front Kick wird abgeleitet, linke Hand kontrolliert den Ellbogen, rechte Hand den gegnerischen Nacken, Knee Kick

Roundhouse Kick zum Kopf wird nach vorn weitergeleitet,
gesprungener Knee Kick gegen Kopf

6.4.1.2 Beschreibung und Analyse

Der Knee Kick wird *immer* mit dem hinteren Bein getreten, da sonst die Kraftentfaltung aufgrund der kurzen Hebel und des kurzen Trittweges zu gering ist.

Aus der Kampfstellung wird das hintere Knie *schräg nach vorne oben* gestoßen (ca. 45°). Die Bewegungsrichtung ist nahezu geradlinig! Dies wird durch ein *Aufrichten des Beckens* (Bauchmuskeln anspannen!!!) verbunden mit einem *Vorschieben der Hüfte* bewerkstelligt. Die Arme leiten eine *gegenläufige Bewegung der Schulterachse* ein, indem eine *Zugbewegung der Hände* ausgeführt wird *zum Trittknie* (Vorstellung: Kopf des Gegners auf das tretende Knie ziehen) oder *schräg nach unten an der Tritthüfte vorbei*. Durch diese Ausgleichsbewegung wird das Gleichgewicht stabilisiert. Das Knie wird während des Trittes *maximal gebeugt*.[25]

6.4.1.3 Fehler und Fehlerkorrektur

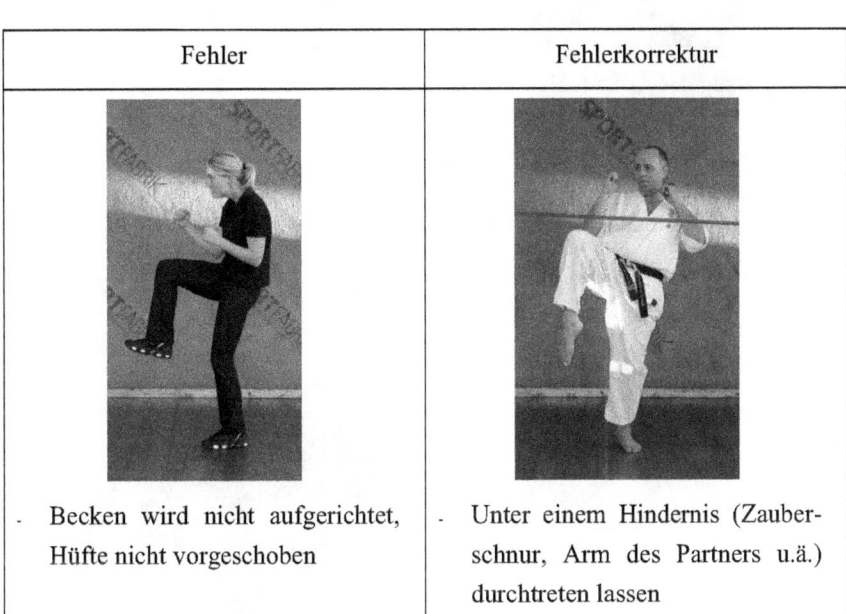

Fehler	Fehlerkorrektur
- Becken wird nicht aufgerichtet, Hüfte nicht vorgeschoben	- Unter einem Hindernis (Zauberschnur, Arm des Partners u.ä.) durchtreten lassen

---

[25] vgl. Delp 2000, 30 f.
vgl. Ashihara 1989, 84 f.

Fehler	Fehlerkorrektur
- Gegenzug der Arme fehlt	- Visualisation: Kopf des Gegners auf das Knie ziehen, Gegner in den Tritt hineinziehen
- Tritt ist nach oben gerichtet statt schräg nach vorn	- Tritte gegen die schräg nach unten gehaltene Pratze Aufgabe: im 90° Winkel in die Pratze treffen

6.4.1.4 Pratzentraining

Die Pratze wird schräg nach unten gehalten. Die freie Hand stützt die Pratzen haltende Hand.

Die Knie Techniken werden einzeln oder kombiniert durchgeführt.

6.4.2 Front Kick

(Vorwärtstritt, japanisch Mae-Geri)

6.4.2.1 Kampfmäßige Anwendung

Angriff mit linkem Roundhouse Kick wird mit Doppelblock aufgefangen, die linke blockende Hand stößt das Trittbein zurück, in die entstandene Lücke hinein wird mit Front Kick gekontert

6.4.2.2 Beschreibung und Analyse

Der erste Teil dieser Bewegung ist identisch mit dem Knietritt. Noch einmal kurz und stichwortartig die Beschreibung der ersten Phase (Vorbereitung des Tritts):

- Anreißen des Knies nach *schräg-vorn-oben*
- *Aufrichten des Beckens* (Kontraktion der Bauchmuskeln!!!)
- *Vorschieben der Hüfte*

- *Ferse des Trittbeins* wird *in Richtung Po geklappt*

Diese Aktionen, die hier nacheinander aufgeführt werden, geschehen nahezu *synchron*. Durch diese Trittvorbereitung werden die Muskeln, die den Tritt ausführen, vorgedehnt (M. quadriceps für die bei der Streckung des Beines beteiligten, synergistisch für die Hüftstreckung auch ein Teil der ischiocruralen Muskulatur). Diese Vordehnung ermöglicht eine größere Kraftentwicklung, als sie bei normaler Muskellänge möglich wäre. Die Vordehnung wird durch ein geradliniges Vorstoßen des Fußballens aufgelöst. Nach dem Tritt wird das Bein wieder in die Ausgangsposition zurückgezogen.[26]

---

[26] vgl. Nakayama 1966, 144 ff.
vgl. Lee, 1978, 30 f.

6.4.2.3 Fehler und Fehlerkorrektur

Fehler	Fehlerkorrektur
- Knie wird nicht genügend nach vorn-oben gebracht	- *über* ein Hindernis (Schnur, Bank, Step) treten lassen
- Hüfte wird auf der Trittseite nicht nach vorne geschoben	- Fuß des Standbeins um 45° von Tritt wegdrehen, Zehen zeigen nach außen (siehe obiges Bild)
- Fäuste werden beide nach innen genommen	- Kampfhaltung während des Tritts beibehalten. Vorstellung: zwischen den Händen durchtreten (von oben gesehen!)
- Während des Trittes wird das Becken gekippt	- Zirkelspitze an den Po halten, okay war ein Scherz! Während des Trittes lang machen, unter Hindernis durchtreten

6.4.2.4 Pratzentraining

Rechtwinklig in die Pratze hineinstoßen, Auftreffwinkel von 90° beachten!

6.4.3 Roundhouse Kick

(Halbkreisfußtritt, japanisch Mawashi-Geri)

Der Halbkreisfußtritt ist aus der Notwendigkeit entstanden, bei starker Deckung des Gegners »um die Ecke« treten zu müssen, wenn geradlinige Techniken keinen Erfolg haben. Im Wettkampfgeschehen des Muay Thai und des Taekwondo ist der Roundhouse Kick die Technik, die am häufigsten angewandt wird.

6.4.3.1 Kampfmäßige Anwendung

Front Kick wird weitergeleitet, nach Absetzen des Trittbeins wird mit Roundhouse Kick zum Bein (Low Kick) gekontert

wie obige Sequenz, ergänzt durch einen Roundhouse Kick links zum Kopf des Gegners

6.4.3.2 Beschreibung und Analyse

Der Roundhouse Kick beginnt wie der Front Kick mit einem *Anreißen des Knies nach vorne oben* mit einem gleichzeitigen *Anklappen der Ferse in Richtung Gesäß*, um die Vorspannung für den Tritt zu erzeugen.

Für die Trittphase wird

- das *Standbein (bleibt gebeugt!) so weit eingedreht, bis die Ferse (fast) zum Ziel zeigt*
- die Hüftseite des Trittbeins wird nach vorne geschoben
- der Tritt wird aus dem Kniegelenk herausgeschnappt
- der Schultergürtel vollzieht eine Gegenbewegung, um das Gleichgewicht zu bewahren d.h. die Arme werden im Kampfhaltung zum (imaginären) Ziel hin gehalten oder der Arm auf der Trittseite vollführt eine schwungvolle Auswärts-abwärts-Bewegung[27]

Durch die Komplexität des Trittes (gekrümmte Bewegungsbahn, Eindrehbewegung auf dem Standbein, Bewahrung des Gleichgewichts durch gegensinnige Bewegung des Oberkörpers) empfehlen wir folgende Vorübungen, um Einzelaspekte dieses Trittes gesondert zu trainieren:

---

[27] vgl. Ashihara 1989, 104 ff.
vgl. Lee 1978, 72 f.
vgl. Höller 2001, 171 f.

Für das Anfersen und die Schnappbewegung des Trittbeins

- Tritte in die relativ tief gehaltene Pratze (Trefferfläche nach unten gehalten). Die Betonung liegt hier auf dem Anklappen der Ferse zum Po und dem Vorschieben der Hüfte, um genügend Kraft für den Tritt entwickeln zu können

Für das Eindrehen des Standbeins und der Hüfte

- Der Tritt wird bis zur Anschnappphase des Trittbeins ausgeführt. Der Tritt Fuß wird mit der gleichseitigen Hand am Fußspann »gefangen« und die Stellung wird mit *eingedrehtem Standbein* und *vorgeschobener Hüfte* für einen Augenblick eingefroren. Zu beachten ist, dass das Knie in jeder Phase der Vorbereitungsphase *höher steht als der Trittfuß*.

6.4.3.3 Fehler und Fehlerkorrektur

Fehler	Fehlerkorrektur
- Standbein wird nicht genügend eingedreht	- Siehe Vorübungen
- Gegenbewegung des Schultergürtels fehlt	- Vor dem Tritt einen Punkt gegenüber fixieren, Blickrichtung beibehalten, schwungvolle Gegenbewegung der Arme

Fehler	Fehlerkorrektur
- Hüfte wird nicht vorgeschoben	- Siehe Vorübungen
- Knie des Trittbeins fällt in der Einleitungsphase nach unten	- »Einfrieren« der Stellung am Ende der Vorbereitung zum Tritt (siehe obiges Bild)

6.4.3.4 Pratzentraining

- in Hüfthöhe: Trefferfläche vertikal

- für Fortgeschrittene in Schulter-/Kopfhöhe: Trefferfläche leicht abwärts geneigte

6.4.4 Back Kick

(Rückwärtstritt, japanisch Ushiro Geri)

6.4.4.1 Kampfmäßige Anwendung

Rechter Roundhouse Kick wird mit Drehung und Back Kick links gekontert

6.4.4.2 Beschreibung und Analyse

- Einbeugen beider Beine
- Trittbein wird mit der Ferse zum Po geklappt (dadurch Vorspannung für die Trittbewegung rückwärts)
- Rückenmuskeln spannen, leicht vorgeneigt stehen

- Streckung nach hinten, die Oberschenkel schleifen aneinander vorbei[28]
- Das Standbein bleibt gebeugt und verstärkt den Tritt durch einen leichten Streckimpuls nach hinten[29]
- Nach dem Tritt wird das ganze Bein wieder in die Ausgangsstellung zurück geholt

Der Rückwärtstritt ist einer der schwierigsten Tritte überhaupt, weil beim Erlernen das visuelle Feedback nicht gegeben ist und es bei mangelndem Körpergefühl sehr schwierig für den Kickbox Aerobic Instructor ist, die zu erwartenden Körperempfindungen zu vermitteln.

In den traditionellen Stilen wird der Back Kick so gelehrt, dass vor dem eigentlichen Tritt das Knie des Trittbeins nach vorne oben gerissen wird, um dann rückwärts zu stoßen. Ein Großteil der aufgewendeten Energie verpufft beim Abbremsen des hochgerissenen Knies. Durch die schlagartige Bewegungsumkehr zum Tritt nach hinten kommt es zu einer Gegenbewegung des Oberkörpers nach hinten. Das ergibt eine *ruckartige Hyperlordosierung* (= Hohlkreuz!) - sonderlich gesund ist das nicht! Die Variante, die wir empfehlen, hat den Vorteil, eine *kontrollierte Rückenstabilisation* zu ermöglichen bei gleichzeitiger, größerer struktureller Schnelligkeit des Tritts, da ja ein Teil des Weges, den der Trittfuß in den traditionellen Stilen nimmt, gespart wird.

Das Gefühl für die richtige Ausführung des Trittes lässt sich durch die Unterstützung des Partners erreichen, der den richtigen Trittverlauf »führt« und so die richtigen sensorischen Empfindungen erzeugt. »Freeze«-Übungen, bei denen der Tritt (mit Hilfe des Partners) in der Endstellung »eingefroren« wird, sind ebenfalls sehr hilfreich.

---

[28] vgl. Nakayama 1966, 160
vgl. Choi 1994, 175
[29] vgl. Höller 2001, 172 f.

6.4.4.3 Fehler und Fehlerkontrolle

Fehler	Fehlerkorrektur
- Bewegung des Trittes ist nicht gerade nach hinten gerichtet	- Führen durch den Partner - Bewegungsanweisung: Oberschenkel schleifen aneinander vorbei
- schlingernde Trittbewegung	- Stabilisierung der Schulterachse durch Gegenbewegung der Schulter auf der Trittseite - Kopfdrehung nur bis zur Seite
- Hohlkreuz während der Trittausführung	- Bauchmuskelspannung aufbauen, Ausgangsposition für den Tritt kontrollieren

6.4.4.4 Pratzentraining

Pratze wird seitlich vom Körper gehalten oder doppelt am Körper (siehe Abbildung)

Ausführung des Trittes

a) direkt nach hinten
b) mit Drehung

Die zweite Ausführung stellt höhere Anforderungen als die erste, da eine Drehbewegung um die eigene Längsachse in eine geradlinige Trittbewegung übergeleitet wird. In die Schulterachse wird so weit gedreht, und bis sie im rechten Winkel zum Ziel steht, und dann abrupt gestoppt. Die Kopfdrehung zur Sichtorientierung erfolgt nur so weit, bis das Ziel aus den Augenwinkel wahrgenommen wird. Wird versucht, das Ziel voll ins Blickfeld zu bekommen, kann durch die Steuerfunktion des Kopfes für den Rest des Körpers (→ zu starke Verwringung!) kein geradliniger Tritt nach hinten mehr zustande kommen!

6.4.5 Side Kick

(Seitwärtstritt, japanisch Yoko Geri)

6.4.5.1 Kampfmäßige Ausführung

Rechter Roundhouse Kick Angriff wird zeitgleich mit Side Kick zum Knie des Standbeins gekontert

Rechter Roundhouse Kick Angriff wird durch den Verteidiger zurück gestoßen, der Konter Side Kick geht zur Körpermitte des Angreifers

6.4.5.2 Beschreibung und Analyse

Aus der Parallelstellung der Beine wird der Trittfuß eng am Standbein entlang nach oben gezogen. Der Fuß ist *am Standbein* oder sogar *etwas davor*. Die Streckbewegung des Trittbeins erfolgt so, dass die Bewegung der Fußaußenkante *gerade auf einer (fiktiven) Verbindungslinie zwischen Fuß und (imaginären) Ziel* erfolgt. Die *Hüfte* des Trittbeins wird *nach vorn in Trittrichtung eingedreht*. Dies ist nur möglich, wenn die *Ferse des Standbeins in Trittrichtung gedreht* wird. In der Endphase des Tritts bilden Fuß, Knie, Hüfte und Schulter des Trittbeins *eine Linie*.[30] Diese Anordnung ist für die optimale Kraftübertragung des Trittes essenziell. Nach dem Tritt wird das Bein insgesamt wieder in die Ausgangsstellung zurückgezogen. Während des Tritts wird die normale Kampfhaltung der Arme zur Seite beibehalten.

6.4.5.3 Fehler und Fehlerkorrektur

Fehler	Fehlerkorrektur
- Fuß des Standbeins wird nicht genügend eingedreht → keine Streckung möglich → Hüftbeugung	- Partner greift das Trittbein und korrigiert die Haltung → *Skulptur-Übung*

---

[30] vgl. Lee 1978, 38 f.
  vgl. Ashihara 1989, 117 f.

Fehler	Fehlerkorrektur
- Arme fallen während des Tritts nach innen	- Visualisation: von oben betrachtet *zwischen* den Armen durchtreten
- Trittbewegung beginnt *hinter* dem Standbein → keine gerade Bewegungsbahn möglich!	- Trittfuß *betont* vor dem Standbein hochziehen lassen

6.4.5.4 Pratzentraining

Pratze wird seitlich vom Körper gehalten. Es wird vom Partner weggetreten, um Verletzungen zu vermeiden, d.h. rechter Tritt zur links gehaltenen Pratze und umgekehrt.

6.4.6 Axe Kick

(Beinschlag abwärts, japanisch Kagato-Otoshi-Geri)

Der Axe Kick ist eine Kampftechnik, die aus großer Höhe über dem Kopf des Gegners mit *Ferse* oder *Fußsohle* Bereiche des Kopfes, der Schultern oder der Schlüsselbeine zu treffen versucht. Dafür ist eine *gut ausgebildete Flexibilität* Voraussetzung. Ist darüber hinaus eine gut ausgebildete *Körperwahrnehmung* bei den Aktiven in Verbindung mit einem bestimmten Maß an *Gleichgewichtsfähigkeit* vorhanden, dann lässt sich der Axe Kick mit Gewinn in das Kickbox-Aerobic-Programm integrieren.

6.4.6.1 Kampfmäßige Anwendung

Low Kick Angriff rechts wird mit Schienbeinblock aufgefangen und mit Axe Kick links gekontert

6.4.6.2 Beschreibung und Analyse

Aus der Kampfstellung wird das rechte Bein *locker* und *leicht gebeugt* nach vorne oben geschwungen. Ziel: rechter Oberschenkel berührt bei gerade gehaltenem Oberkörper die rechte Schulter! Die Funktion dieser Einleitungsphase besteht darin, schnellstmöglich den Fuß über das Ziel zu bringen. Die Schnelligkeit ist umso größer, je *entspannter und lockerer* das Trittbein gehalten wird. Zu Beginn der Trittphase wird das *Bein gestreckt und angespannt*, die rechte *Hüfte weit nach vorne geschoben*, das leicht gebeugte *Standbein mit der Ferse zum Ziel hin eingedreht*. In der Abwärtsschlagphase kann der *Oberkörper etwas nach*

links von Tritt weg abgeknickt werden. Der Trittfuß wird nach schräg-unten auswärts *durch* das Ziel gezogen.[31]

6.4.6.3 Fehler und Fehlerkorrektur

Fehler	Fehlerkorrektur
- Standbein wird gestreckt, um Höhe zu gewinnen → Sturzgefahr!	- Visualisation: niedrige Zimmerdecke - Partner legt die Hand auf Kopf oder Schulter des Übenden
- Standbein wird nicht eingedreht, Hüftseite nicht vorgeschoben	- Isoliertes Üben der Einleitungsphase - Tritt über die Zauberschnur, Theraband
- Trittbein wird schon am Anfang gestreckt	- Zauberschnur, Theraband als Hindernis so platzieren, dass eine Beugung des Trittbeins erfolgen muss, um nicht hängen zu bleiben

---

[31] vgl. Zaar 2000, 139 f.

6.4.6.4 Pratzentraining

Pratze wird seitlich gehalten, die Trefferfläche wird schräg aufwärts gehalten, der Pratzenhalter setzt dem Tritt keinen Widerstand entgegen, damit Überstreckungen beim Trittbein des Übenden vermieden werden.

6.5 Ausweichbewegungen

Im Kampf stellen Ausweichbewegungen wichtige Bestandteile eine Kampfhandlung dar. Im Kickbox Aerobic werden sie als *Überleitung* zu einer neuen Technik oder als *isoliertes gymnastisches Elemente* benutzt.

6.5.1 Sidebend

(Seitwärtsbeugen)

6.5.1.1 Beschreibung und Analyse

Die Funktion eines Sidebends besteht darin, aus der Angriffsbahn eines (zumeist) geradlinigen Angriffs herauszukommen, um eine Kollision zu vermeiden.

- Knie werden gebeugt
- Gegenschulter etwas nach vorne schieben
- In der Hüfte seitlich abbeugen
- Blick bleibt auf das Ziel gerichtet[32]

Durch die *Verwringung in der Körpermitte* wird eine Vorspannung aufgebaut, die für eine sich anschließende Technik genutzt werden kann.

---

[32] vgl. Fiedler 1997, 63 f.

6.5.2 U-Turn

(Auspendeln)

6.5.2.1 Beschreibung und Analyse

 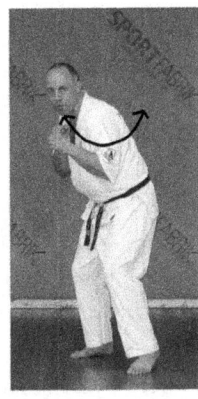 

Während der Sidebend gegen geradlinige Angriffe angewandt wird, besteht die Funktion des Auspendelns darin, hakenförmige Angriffe von der Seite zu neutralisieren. Der Beginn der Bewegung ist nahezu identisch mit dem Seitbeugen, doch durch eine stärkere Beugung der Knie »taucht« der Aktive unter dem Angriff durch. Der Kopf wird dabei in einer *U-förmigen Bewegung* geführt, der *Blick ist während der gesamten Bewegung nach vorne gerichtet,* der *Oberkörper bleibt fast aufrecht.* Diese Ausweichbewegung ist in erster Linie eine Bewegung aus den Beinen!!![33]

---

[33] vgl. Fiedler 1997, 65

6.5.2.2 Fehler und Fehlerkorrektur (für Sidebend / U-Turn)

Fehler	Fehlerkorrektur
- Mangelhafte Beugung der Knie	- Zauberschnur, Stock, ausgestreckten Arm des Partners als Orientierungshilfe
- Blick wird gesenkt	- Festes Fixieren eines Punktes während der gesamten Bewegung
- Seitwärtsbeugung erfolgt nach hinten	- Verdeutlichung, dass man nicht mehr in der Distanz für eine Nachfolgeaktion ist

6.6   Weitere technische Elemente

6.6.1   Speedball

Die Unterarme werden parallel zum Boden gehalten und schnell umeinander geführt. Ursprünglich aus dem Boxen für die Schulung des Rhythmus' und der Auge-Hand-Koordination an einem speziellen Boxsack.

6.6.2   Rope Skipping (Seilchenspringen)

Als Schulung der Hand-Fuß-Koordination hervorragend geeignet. Gutes Mittel des Ausdauertrainings. Einsetzbar im Warm-up (nach *allgemeinem Aufwärmen* und *Stretching der Wadenmuskulatur*). Darauf achten, dass die Sprünge nur *sehr flach* und *aus den Fußgelenken* heraus ausgeführt werden.

7 Das Modulsystem zur Zusammenstellung von Techniksequenzen

Unter einem »Modul« soll im folgenden ein »Baustein« einer Techniksequenz verstanden werden. Elemente eines Moduls sind Schritte, Einzeltechniken, Kombinationen (= 2 Techniken) und Serien (= 3 Techniken). Es werden für die Unterrichtsplanung 1-er Module (= 1 Element), 2-er Module (= 2 Elemente) und 3-er Module (= 3 Elemente) unterschieden. Die Zusammensetzung der Module ist *nicht* beliebig, denn dann könnte man sich diese Systematisierung sparen. Für die Kampfsportelemente haben sich jedoch Technikverbindungen herauskristallisiert, die einen optimalen Übergang von der einen zur anderen Technik erlauben (Phasenverschmelzung: Endphase der vorausgehenden Technik verschmilzt mit der Anfangsphase der nachfolgenden). Deshalb ist es sinnvoll, eine solche Technikverbindung als Einheit bzw. Ganzheit zu betrachten, die dann als Baustein in eine längeren Technikfolge eingebaut werden kann. Sequenzen, die mehr als drei Einzelelemente umfassen, lassen sich ohne Probleme als Kombination von 1-er, 2-er und 3-er Modulen synthetisieren. Für den Kickbox Aerobic Instructor bedeutet diese Modularisierung eine Strukturierungshilfe für seine Unterrichtsplanung, da er nach Könnensstufe seiner Aktiven und der Zahl der benötigten Einzelelemente einer Sequenz mit Hilfe des Modulsystem seine Sequenzen einfach und sinnvoll gestalten kann.

Im vorhergehenden Abschnitt haben wir die technischen Elemente ausführlich besprochen, jetzt wollen wir daran gehen, die »Bausteine» zusammen zu setzen. Vorab eine Liste mit den verwendeten Abkürzungen:

Armtechniken

J = Jab
P = Punch
U = Uppercut
B = Backfist
E = Elbow
rE = round Elbow
sE = side Elbow
dsE = double side Elbow
bE = back Elbow
H = Hook
sH = side Hook (zur Schläfe bzw. zum Kiefer)
mH = middle Hook (zur Leber, kurzen Rippen)
C = Chop (klassische Hantkantenabwehr)

Beintechniken

F = Front Kick
S = Side Kick
BK = Back Kick
R = Roundhouse Kick
K = Knee Kick
A = Axe Kick

Steps (= Beinarbeit)

OSt = One-Step
rOSt = One-Step mit rückwärtiger Drehung
SSt = Side-Step in der Reiterstellung
XSt = Überkreuzen der Füße a) nach vorne b) zur Seite
ChSt = Change Step = Auslagenwechsel

Ausweichbewegungen

Sb = Sidebend (=Seitwärtsbeugung)
UT = U-Turn (=Auspendeln)
SpB = Speedball

Jede dieser Basistechniken kann für sich als 1-er Modul in einer Techniksequenz behandelt werden, Steps und Ausweichbewegungen kommen *immer nur als 1-er Modul* in Betracht.

Für die Behandlung der *2-er Module* betrachten wir zuerst die grundsätzlichen Kombinationsmöglichkeiten:

1. Arm - Arm a) rechts - links oder umgekehrt

    b) mit dem gleichen Arm

---

2. Bein - Bein a) rechts - links oder umgekehrt

    b) mit dem gleichen Bein

---

3. Arm - Bein a) diagonal: rechter Arm / linkes Bein und umgekehrt

    b) gleichseitig: rechter Arm / rechtes Bein und umgekehrt

---

4. Bein - Arm a) diagonal

    b) gleichseitig

Unter methodischen Gesichtspunkten empfiehlt sich folgende Reihenfolge bei der Einführung von Kombinationen:

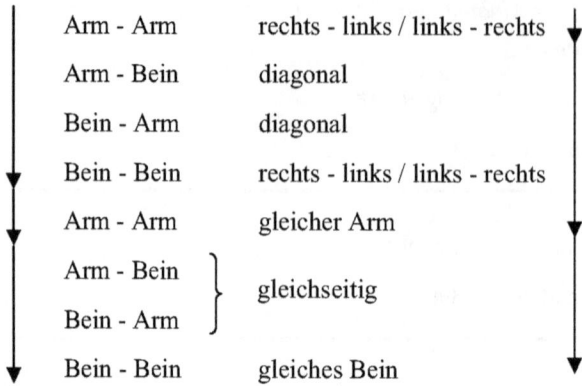

3-er Module ergeben sich durch das Hinzufügen eines 1-er Moduls.

Nach diesen theoretischen Vorüberlegungen wollen wir beispielhaft Techniksequenzen zu den verschiedenen Gruppen zeigen:

1. Arm - Arm

a) links - rechts oder umgekehrt

J - P, J - sH/mH, J - U, J - rE

B - P, B - rE, B - U

sH - sH, sH - U, sH - mH

b) mit dem gleichen Arm

J - J, P - P, J - sH/mH, J - rE

2. Bein - Bein

a) links - rechts oder umgekehrt

F - R, F - BK , F - S

R - R, R - BK, R - A

b) mit dem gleichen Bein

F/R, F/S, R/S, R/A

mit Absetzen des Beins nach dem ersten Tritt oder direkte Fortführung (für Fortgeschrittene)

3. Arm - Bein

a) diagonal: linker Arm / rechtes Bein und umgekehrt

J - F, J - R, J - K

b) gleichseitig: rechter Arm / rechtes Bein und umgekehrt

P - F, P - R, sH - R, P - BK

4. Bein - Arm

a) diagonal

F - P, R - U, R - sH

b) gleichseitig

S - B, F - J

Ausgewählte Beispiele für 3-er Module

J - P - R, F - J - P, P - J - BK, J - sH - sH

P - mH - sH, mH/sH - P

Viel Spaß und Entdeckerfreude beim Finden neuer Kombinationsmöglichkeiten!

8 Stretching als Verletzungsprophylaxe, Vorbereitung und Kompensationstraining

Durch unsere »normalen« Lebensumstände im Alltag (sitzende Berufsausübung, einseitige Beanspruchung u.v.m.) ist eine ausgeglichene Belastung des Bewegungsapparates nicht mehr gegeben. Die Folgen sind Dysbalancen im Muskelsystem, Verkürzungen und - langfristig gesehen - Schäden am muskuloskeletalen System. Kickbox Aerobic stellt, sofern es vernünftig betrieben wird, eine ganzheitliche Belastung des Bewegungsapparates dar, jedoch bringt jeder Teilnehmer den Körper mit sich, der durch seine persönliche »Bewegungsgeschichte« geprägt ist. Stretching stellt eine Maßnahme dar, die flankierend zum Hauptteil des Trainings eine vorbereitende und kompensatorische Funktion erfüllt und damit ein wichtiger Bestandteil der Verletzungsprophylaxe ist.

Das hier vorgestellte Stretchingprogramm erfasst einerseits die Muskeln, die durch Ausübung des Kickbox Aerobic besonders beansprucht werden, andererseits auch diejenigen, die durch sitzende Tätigkeit bedingt, gedehnt werden sollten.

Was soll gedehnt werden in?

Durch die Beintechniken des Kickbox Aerobic ist den Partien Oberschenkelrück- und -innenseite sowie den Waden besondere Aufmerksamkeit zu widmen, da sie zu Verkürzungen neigen und durch zusätzliche Abschwächung sehr verletzungsanfällig sind!!!

Für die einzelnen Dehnübungen möchten wir hier auf den Anhang 1 »Empfohlene Literatur zur Weiterbildung« verweisen.

Wie soll gedehnt werden?[34]

Es existieren inzwischen mehrere Dehnungsmethoden, die auf neurophysiologischen Regelkreisen basieren und unter Ausschaltung des Muskelspindelreflexes

---

[34] vgl. Schnabel 1997, 230 ff.

funktionieren. Als besonders geeignet für das Kickbox Aerobic haben wir folgende den Dehnungsmethoden ausgewählt:

- Gehaltenes Dehnen

Geeignet als Pre-Stretching und in der Cool-down-Phase

- Ballistisches Dehnen

Nicht unumstritten, jedoch nach dem Warm-up und Pre-Stretching eine Methode, die durch *geführte, kontrollierte* Bewegungen (Beinschwünge) gute Ergebnisse zeigt. Diese Methode ist jedoch nicht zu vergleichen mit der Ruck-Zuck-Gymnastik früherer Zeiten! Die Betonung liegt weniger auf dem schwunghaften Aspekt als vielmehr auf der kontrollierten Bewegung! Der Einsatz sollte dann erfolgen, wenn auf Seiten der Aktiven ein bestimmter Grad an Körpererfahrung vorhanden ist, und nicht durch Übereifer und falschen Ehrgeiz die Verletzungsgefahr zu groß ist!

- CHRS-Dehnung

Eine Methode für die Fortgeschrittenen!

Der Muskel, der gedehnt werden soll, wird zuerst nahezu maximal angespannt. Diese Anspannung wird ca. 8 Sekunden gehalten. Nach einer Entspannung von wenigen Sekunden wird gestretcht. Diese Stretchingmethode beruht auf neurophysiologischen Regelmechanismen, die nach der Anspannungsphase zu einer verzögerten Ansprechbarkeit der Muskelspindel führen und damit eine stärkere Dehnung ermöglichen!

Wann soll gedehnt werden?

In der Warm-up-Phase zur Einstimmung.

Zu bedenken ist, dass die Wirkungen des Stretchings nur für ca. 20 Minuten anhalten! Das bedeutet für die Trainingspraxis, dass vor Trainingssequenzen, die eine besondere Beweglichkeit erfordern, nochmals eine kurze Stretchingphase vorgeschaltet wird!

In der Cool-down-Phase einer Trainingseinheit hat Stretching - vorzugsweise in der Form von gehaltenem Dehnen - ebenfalls seinen Platz, um Kontraktionsrückstände aus dem Hauptteil der Trainingseinheit zu vermeiden.

9 Ausdauer im Kickbox Aerobic

Kickbox Aerobic stellt durch seine Arm- und Beintechniken eine Belastungsform dar, die den ganzen Körpers beansprucht und nicht nur partiell fordernd ist. Durch den Rhythmus der Musik und durch die Tatsache bedingt, dass jede Technik *richtig* ausgeführt immer den ganzen Körper einbezieht, ergeben sich hohe Anforderungen an die Ausdauer. Das heißt: Kickbox Aerobic ist sehr gut geeignet, die motorische Eigenschaft Ausdauer zu trainieren.

Ausdauer ist

> »[...] charakterisiert als die Fähigkeit, eine gegebene Leistung über einen möglichst langen Zeitraum durchhalten zu können. Sie entspricht damit der psychophysischen Ermüdungswiderstandsfähigkeit des Sportlers.«[35]

Aus leistungsphysiologischer Sicht lassen sich fünf verschiedene Intensitätsstufen unterscheiden, die jeweils andere Anpassungen hervorrufen.[36]

Diese Intensitätsstufen lassen sich in Prozentsätzen der maximalen Sauerstoffaufnahmekapazität (VO_2max) ausdrücken. Die Messungen und Zuordnungen der VO_2max sind nur unter Bedingungen eines speziellen Instrumentariums möglich, so dass diese Option für das normale Fitness- bzw. Aerobic-Training entfällt.

Es existiert jedoch ein enger Zusammenhang zwischen der maximalen Sauerstoffaufnahme und der Herzfrequenz (Schläge pro Minute).[37] Von dieser engen Korrelation ausgehend lassen sich anhand der Herzfrequenz Belastungsstufen festlegen, die einem gewissen Prozentsatz der VO_2max annähernd entsprechen und damit auch die beabsichtigte physiologische Anpassung induzieren.

Anhand statistischer Erhebungen werden Formeln konstruiert, die eine annähernde Bestimmung der maximalen Herzfrequenz und - daraus abgeleitet - Trainingsbelastungsgrenzen ermöglichen. Der Nachteil dieser Formeln liegt darin,

---

[35] Geiger 1996, 11
[36] vgl. Sleamaker 1991, 77ff.
[37] vgl. Sleamaker 1991, 78

dass sie nicht auf das Individuum zugeschnitten sind und dass dadurch auch eine Verfehlung des angestrebten Trainingsziels möglich ist.

Als Beispiel für eine (schon sehr aus differenzierte) Methode soll hier die KARVONEN- Methode zur Bestimmung von Herzfrequenzbelastungen vorgestellt werden.[38]

Der erste Schritt beinhaltet die Bestimmung der altersangepassten maximalen Herzfrequenz (MHF), entweder durch einen maximalen Laufbandtest beim Arzt bzw. bei darauf spezialisierten Institutionen oder durch die Berechnung nach der Formel

$$220 \text{ (für Männer)} / 226 \text{ (für Frauen)} - \text{Lebensalter.}$$

Im zweiten Schritt wird die Ruheherzfrequenz (das heißt die Herzfrequenz, die morgens vor dem Aufstehen nach völliger, ununterbrochener Ruhe während einer Minute gemessen wird)[39] von der Alters angepassten maximalen Herzfrequenz subtrahiert.

Drittens wird diese korrigierte maximale Herzfrequenz mit den Prozentsätzen (Ober- und Untergrenze) der gewünschten Intensitätsstufe multipliziert.

In einem vierten abschließenden Schritt wird die Ruheherzfrequenz wieder zu den im ersten Schritt erhaltenen Werten hinzuaddiert.

Mathematisch lässt sich das Ganze folgendermaßen ausdrücken:

$$[(220/226 - LA) - RHF] \times \%VO_2max + RHF$$

Ein Beispiel soll diese Vorgehensweise verdeutlichen:

26 Jahre, weiblich, Trainingsintention Intensitätsstufe I (60% - 70 %), Ruhefrequenz 50

1. 226 - 26 = 200
2. 200 - 50 = 150
3. a) 150 × 0,6 = 90   b) 150 × 0,7 = 105
4. a) 90 + 50 = 140   b) 105 + 50 = 155

---

[38] vgl. Sleamaker 1991, 90
[39] vgl. Edwards 1997, 30

Der Pulsbereich liegt für diese Athleten Intervall 140 - 155.

Im folgenden soll eine kurze Übersicht über die fünf Intensitätsstufen, ihre prozentuale Zuordnung zur maximalen Herzfrequenz und ausgewählte Aspekte der physiologischen Anpassung gegeben werden.[40]

Stufe	Prozent der maximalen Herzfrequenz	Physiologische Anpassung auf lange Sicht
I	60 - 70	↑ Kapillardichte ↑ Mitochondrienvermehrung ↑ Mobilisierung der freien Fettsäuren
II	71 - 75	↑ Aerobe Energiequellen ↑ Bahnen der aeroben Energiebereitstellung
III	76 - 80	↑ Rekrutierung von FOG-Fasern ↑ Aerobe Glykolyse ↑ Sauerstofftransportsystem
IV	81 - 90	↑ Bahnen der aeroben/anaeroben Energiebereitstellung ↑ *Anaerobe Schwelle* ↑ Milchsäurebeseitigung
V	91 - 100	↑ Anaerobe Energiequellen ↑ Rekrutierung der FT-Fasern ↑ Schnelligkeit und neuromuskuläre Koordination

Im Kickbox Aerobic besteht durch die motivierende Musik, die Gruppendynamik und die mit Einsatz ausgeführten Ganzkörperbewegungen sehr schnell die

---

[40] vgl. Sleamaker 1991, 79ff.

Gefahr, permanent in einem Bereich zu trainieren, der gesundheitlich nicht optimal ist.

Die Intensitätsbereiche I bis III sind die gesundheitlich anzustrebenden Bereiche, da sie mit aerober Energiebereitstellung arbeiten. Die Bereiche IV und V sollten - wenn überhaupt - nur selten bis gar nicht erreicht werden.

Aus den vorherigen Ausführungen geht hervor, dass die Hauptprobleme der adäquaten Formulierungen von Belastungsgrenzen darin liegen, dass die Formeln trotz ihrer Ausdifferenziertheit immer nur eine Annäherung bieten können und nicht genau genug auf die Belastbarkeit in Abhängigkeit von individuellen Gegebenheiten sowie der Tagesform eingehen können. Das subjektive Belastungsempfinden ist darüber hinaus meistens nicht genug ausgebildet und damit als Indikator unzuverlässig.

Zur Objektivierung der individuellen aeroben Trainingszielzone existieren seit einiger Zeit Frequenzmesser, die es aufgrund modernster Technologie ermögliche, die optimale Trainingszielzone die Abhängigkeit von der Tagesform zu ermitteln (sog. OWN ZONE™).[41]

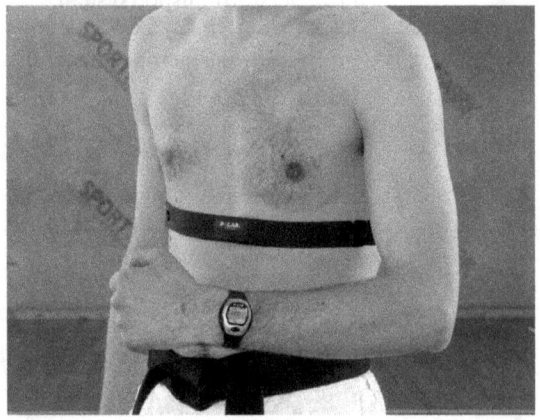

Der Gebrauch von Herzfrequenzmesser (z.B. M-Serie von POLAR) wird von den Autoren empfohlen, um Überlastungen zu vermeiden und gesundheitlich unbedenklich zu trainieren.

---

[41] vgl. Johnny G. 2000, 21

10 Die Kursdurchführung

10.1 Workout (kampfsportspezifische Kräftigung)

Um Abwechslung in Kickbox-Aerobic-Kursplan zu bringen, sollten Kurse mit kampfsportspezifischer Kräftigung angeboten werden. Diese Form ist auch für Einsteiger zu empfehlen, da diese dabei nicht mit zu vielen evtl. auch zu komplizierten Techniken überfordert werden.

Im folgenden werden einige Übungsbeispiele beschrieben, die selbstverständlich durch eigene Kreativität zu ergänzen sind. Diese Übungen können sowohl miteinander verknüpft als auch als Übungsreihe aneinander gehangen werden.

1. Liegestütz in verschiedenen Tempi evtl. mit Auflegen der Knie;
2. Kampfposition parallel; Oberkörper rotiert zuerst nur nach rechts, dann nur nach links, dann abwechselnd; Unterkörper ist fixiert;
3. Kampfposition parallel; Unterkörper rotiert wie beim Punch, zuerst nur nach rechts, dann nur nach links, dann abwechselnd; Oberkörper ist fixiert;
4. Kampfposition in Schrittstellung; Arme locker in Abwehrposition; Front kick; Spielbein halten und strecken und beugen: Rumpf dabei leicht zurückgeneigt; Bauchspannung halten;
5. Squat und Knee kick rechts; Becken aufrichten (Bauchspannung); zuerst nur rechts, dann nur links, dann abwechselnd;
6. Im Anschluss an 5. evtl. Übung 2 (Beinstreckung im Front kick);
7. Wie 4 vorne absetzen.; anschl. Knee kick aus Kampfposition (Frontalposition) langsam und dann schneller; anschl. Squat und Knee kick links; alles mit anderer Seite;
8. Squat in verschiedenen Tempi, am Ende tief federn und evtl. seitlich verlagern; evtl. Arme in Abwehrposition;
9. Arme im Butterfly, Unterarme sind zusammen, dann Arme heben; evtl. verbinden mit tiefem Federn im Squat;

10. Arme im Butterfly; Unterarme sind zusammen, dann Arme heben; evtl. verbinden mit Beinstreckung im Front kick;
11. Auf einem Bein stehen und Abduktion, evtl. mit leichter Außenrotation verbinden; Vorübung zum Roundhouse Kick (wichtig: Knie ist höher als der Fuß!!!);
12. Auf einem Bein stehen und in langsamem Tempo zuerst Front Kick dann Side Kick oder Roundhouse Kick (evtl. als Partnerübung; Partner halten sich aneinander fest);
13. mit Hanteln; Jab und Punch im langsamen Tempo; korrekte Technik ist wichtig!!!
14. mit Hanteln; Hook und Uppercut in langsamer Durchführung; evtl. auch nur Teilsequenzen der Technik;
15. mit Tube; Tube um den Rücken, unter den Achseln her; die Enden des Tubes mehrfach um die Hände wickeln und Spannung auf das Tube bringen; Jab und Punch in kompletter oder in Teilbewegungen gegen den Widerstand des Tubes;

10.2 Die Musikauswahl

Da Kickbox Aerobic ebenfalls eine Aerobic-Variante darstellt, arbeiten wir im Tempo der Musik. Die Musik spielt deshalb eine wichtige Rolle, da sie sehr stark zur Motivation beiträgt.

In speziell abgemischten CDs findet man einen sehr dominanten beat. Dieser beat drückt eine gewisse Aggression aus, die in kraftvolle Techniken umgesetzt werden soll. Die Musik dieser CDs ist meist im 32er beat abgemischt, wobei die Lieder ineinander übergehen. Verschiedene Aerobic Musikverlage bieten spezielle Musik zur Gestaltung der Kickbox-Aerobic-Unterrichtseinheiten an.

Für Anfänger sind empfohlene Tempi etwa 125 bis 140 beats per minute (BPM). Für die Parts der Technikschulung sollte der beat halbiert werden.

Fortgeschrittene können etwas schneller trainieren. Empfohlen werden hier etwa 130 bis 150 BPM.

Die Lautstärke ist in den Kickbox-Aerobic-Kursen meist höher als in anderen Kursen. Da die Kombinationen nicht so kompliziert sind wie in einer choreographischen Aerobicstunde, kann man sich ganz dem beat hingeben. Wir empfehlen, die Lautstärke zu Beginn der Stunde mit den Teilnehmern abzustimmen.

10.3 Das Cueing

Cueing, die Kommunikation zwischen dem Instructor und den Teilnehmern, hat - wie in allen Aerobic Kursen - im Kickbox Aerobic eine große Bedeutung. Auch hier muss die Gruppe vom Instructor geleitet werden. Während in den meisten Aerobic Kursen das Cueing aus einer Mischung aus verbaler und nonverbaler Kommunikation besteht, ist es im Kickbox-Aerobic-Kurs in erster Linie verbal. Es gibt noch keine internationalen Handzeichen für die verschiedenen Techniken, also wird im Hauptteil der Stunde eher verbal gecuet. Im warm-up und im cool-down, wo man auf den einen oder anderen Schritt aus dem klassischen Aerobic zurückgreift, erfolgt automatisch eher das nonverbale Cueing. Jeder Instructor entwickelt auch hier seine eigenen Handzeichen, die die Arbeit erleichtern. Die nonverbale Präsentation und Vorstellung der Handtechniken ist aussagekräftig genug, um durch die Teilnehmer verstanden zu werden. Für die Fußtechniken empfehlen wir folgende Cueing-Zeichen.

(Die Einführung dieser Zeichen spart Zeit. Die Fußtechniken jeweils vorzuführen wäre zu aufwändig.)

Cueing-Zeichen Front Kick

  Cueing-Zeichen Roundhouse Kick

  Cueing-Zeichen Side Kick

  Cueing-Zeichen Axe Kick

Cueing-Zeichen
Back Kick

Der Einsatz von Cueing-Zeichen bietet den Vorteil, auch in höheren Pulsbereichen ohne lautes Sprechen auskommen zu können. Die Handzeichen sollten sukzessive eingeführt werden, damit ihre Bedeutung klar wird.

Die internationalen Aerobic Handzeichen werden hier nicht gesondert aufgeführt, da sie der Aerobic Literatur zu entnehmen sind (siehe Literaturliste).

10.4 Der Stundenaufbau

Der Stundenaufbau wird im Hinblick auf neue Belastungen beim Kickbox Aerobic nachfolgend beschrieben.

10.4.1 Warm-up

Im Warm-up wird der Kreislauf angeregt. Die Muskulatur wird besser durchblutet und auf eine zukünftige Leistung vorbereitet. Die Muskelgruppen, die während der Stunde besonders beansprucht werden, müssen auch speziell erwärmt werden. Empfohlen wird ein lineares Warm-up, um die Teilnehmer nicht durch Choreographien abzuschrecken. Schon hier kann der Instructor bekannte Techniken in niedriger Ausführungsintensität ins Warm-up integrieren. Auch beim Warm-up gilt: mit geringer Belastung beginnen und diese langsam steigern! Zu hohe Intensitäten zu Beginn erhöhen die Verletzungsanfälligkeit.

10.4.2 Pre-Stretch

Dem Pre-Strech kommt im Kickbox Aerobic eine besondere Bedeutung zu. Auch wenn momentan in der Aerobic Szene über Bedeutung und Sinn eines Pre-Stretches diskutiert wird, so halten wir es im Kickbox Aerobic für unabdingbar. Die Muskulatur muss auf explosive Bewegungen vorbereitet werden. Diese explosiven Belastungen sind wesentlich höher als in anderen Aerobic Kursen.

10.4.3 Hauptteil

Der Instructor sollte sich bei seinen Vorbereitungen ein Stundenziel setzen, das er anstrebt. Beispielsweise kann er eine neue Technik einführen oder die Verbesserung bestimmter Techniken intendieren. Hat er das Ziel, die Ausdauer zu trainieren, plant er eine Stunde mit einfachen Techniken, aber mit großer Wiederholungszahl.

Bei der Zielsetzung ist nach dem alten methodischen Grundsatz zu verfahren, vom Einfachen zum Schweren zu gelangen. Kleine Choreographien sollten Schritt für Schritt erarbeitet und mehrfach wiederholt werden.

Der Instructor sollte sich bei der Kursdurchführung immer das Trainings- bzw. Stundenziel vor Augen halten, ohne seine situationsbezogene Flexibilität zu verlieren.

10.4.4 Cool-down

Das Cool-down hat die Pulsabsenkung als Ziel. Die Möglichkeiten zur Gestaltung dieser Phase sind sehr vielfältig. So kann mit sehr einfachen aber abwechslungsreichen Schritten nach und nach den Puls absenken.

Der Instructor kann die Möglichkeit nutzen, Vorübungen zu später zu behandelnden Techniken auszuführen. Darüber hinaus kann er mit meditativen Techniken arbeiten oder Übungen zur Schulung des Gleichgewichts durchführen.

Für kampfsporterfahrene Instructors besteht die Möglichkeit, Kata-Kombinationen (= Formen) in den Kurs einzubauen. Dies sollte nur praktiziert werden, wenn man den entsprechend fundierten Hintergrund besitzt, da man sonst schnell Gefahr läuft, an Glaubwürdigkeit zu verlieren.

10.4.5 Stretching

Wie auch das spezielle Warm-up, sollte das Stretching je nach Stundenschwerpunkt geplant werden.

Empfohlen wird in jedem Fall eine Dehnung der Oberschenkelvorder- und -rückseite. Weiterhin sollten die Adduktoren und Abduktoren, Waden und Hüftbeuger gestretcht werden. Im Rumpfbereich ist die Dehnung von Brustmuskeln, Trizeps, Nacken sowie der Flanken zu empfehlen. Für die einzelnen Dehnübungen möchten wir wiederholt auf den Anhang 1 »Empfohlene Literatur zur Weiterbildung« verweisen.

10.5 Die Einbindung von Kickbox Aerobic in den Wochenstundenplan

Nach einem langen Arbeitstag besteht bei vielen Menschen nicht mehr das Bedürfnis, sich in choreographischen Stunden komplizierte Schrittfolgen zu erarbeiten. Aus diesem Grund geht der Trend der Fitness Kurse seit einigen Jahren immer mehr in Richtung Vereinfachung. Das bedeutet, dass der Trend weg von komplizierten Schrittchoreografien führt. Der Kursteilnehmer möchte Abstand zu seinem beruflichen Alltag gewinnen, sich »auspowern« und entspannen. Dies wird durch den großen Erfolg von Indoor cycling, Pump, Lift und natürlich von Kickbox Aerobic bestätigt. Diese Programme sprechen ein zahlenmäßig größeres Klientel als die klassischen Aerobic Kurse an, da der Männeranteil in den o.g. Kursen höher ist. Dies ist auch der Grund dafür, dass Kickbox-Aerobic-Kurse mehrfach die Woche vertreten sein sollten. Sie sollten sowohl an den Abenden zu unterschiedlichen Uhrzeiten als auch am Wochenende stattfinden. Ebenfalls am Morgen erfreut sich Kickbox Aerobic großer Beliebtheit.

Wird Kickbox Aerobic neu in den Kursplan eingeführt, empfehlen wir ausschließlich Einsteigerkurse, da alle Beteiligten erst einmal die neuen Techniken erlernen müssen. Auch die Teilnehmer mit Kampfsporterfahrung

erlernen müssen. Auch die Teilnehmer mit Kampfsporterfahrung werden feststellen, dass Schlag- und Kicktechniken im Rhythmus der Musik eine neue Anpassung erfordern. Nach einiger Zeit erfolgt eine Differenzierung in Kurse mittlerer Intensität für mäßig Fortgeschrittene sowie für Fortgeschrittene.

Der Kickbox Aerobic Instructor kann auch die Möglichkeit nutzen, Introkurse (= Einsteigerkurse) für Interessenten anzubieten. Diese Einführungskurse haben den Vorteil, den Teilnehmern vorab einen kleinen Einblick in den späteren Kursinhalt zu bieten. Hier sollte die Ausdauerkomponente in den Hintergrund rücken, die Teilnehmer werden ausschließlich mit den wichtigsten Techniken vertraut gemacht.

Eine weitere Möglichkeit sind Kurse zur Technikschulung. Hierbei lässt sich sehr gut das Pratzentraining integrieren. Der Teilnehmer bekommt so ein Gefühl für die Techniken mit ihrem spezifischen Krafteinsatz. Die Einführung von mehr als zwei neuen Techniken pro Trainingseinheit ist unzweckmäßig. Wir empfehlen, sich auf eine zu beschränken, die in verschiedenen Kombinationen mit bekannten Elementen trainiert wird.

Kickbox-Aerobic-Zirkeltraining, Pratzenkurse etc. sind weitere Möglichkeiten, Kickbox Aerobic in den Wochenkursplan einzubinden. Wichtig ist, dass man auf das Studiopublikum und seine Wünsche eingeht. Man sollte den Trainierenden nicht alle Variationen des Kickbox Aerobic auf einmal aufdrängen, die Wünsche des Studiopublikums haben oberste Priorität, nicht die der Trainer!

10.6 Die Motivation

Motivation spielt in den Kickbox-Aerobic-Kursen eine besondere Rolle. Zur Motivation trägt sowohl die Musik als auch das animierende Verhalten des Instructors.

Die Musikauswahl ist besonders unter dem Aspekt der Motivation sehr wichtig. Um schon vor dem Kurs eine anregende Atmosphäre im Kursraum zu schaffen, kann man vor Trainingsbeginn etwas Musik laufen lassen. Diese Musik sollte auf den Stundeninhalt abgestimmt sein, d.h. sie muss geeignet sein, Spannung aufzubauen.

Für den Instructor stellt die Benutzung eines Mikrofons eine starke Erleichterung dar. Die Lautstärke der Musik ist in den Kickbox-Aerobic-Kursen meist so hoch, dass der Instructor mit seiner Stimme ohne Mikrofon kaum zu den Teilnehmern durchdringen würde. Um die Teilnehmer anzuleiten, verbal zu korrigieren oder durch Rufe zu motivieren, ist ein Mikrofon unerlässlich. Über das Mikro kann die Gruppe besser zum lauten Mitzählen animiert werden. Hierbei wird nicht nur die richtige Atmung sichergestellt, sondern auch ein Gruppengefühl und eine anregende Stimmung erzeugt. Wenn spontan die Musik beim Mitzählen abgeschaltet wird, kommt die Gruppe in den »Genuss«, sich selbst in voller Lautstärke zu hören.

Weiterhin können kleinere Kampfsituationen simuliert werden, indem man die Gruppe teilt und Kombinationen gegeneinander ausführen lässt. Auch diese Variante ist motivationssteigernd. Allerdings muss dabei unbedingt auf genügend Sicherheitsabstand geachtet werden.

11 Literaturverzeichnis

Ashihara, Hidayuki
More Fighting Karate
Tokyo 1989

Biedler, Jan
Box-Aerobic easy
München 1997

Choi, Hong Hi
Taekwondo
Dreieich bei Frankfurt/M. 1994

Delp, Christoph
Muay Thay
Thai-Boxen-Sport und Selbstverteidigung
2. Aufl., Lampertheim 2000

Edwards, Sally
Leitfaden zur Trainingskontrolle
8. Aufl., Aachen 1997

Ellwanger, Siegfried und Ulf
Boxen basics
Training, Technik, Taktik
Stuttgart 1998

Fiedler, Horst
Boxen für Einsteiger
2. Aufl., Berlin 1997

Geiger, Ludwig
Ausdauertraining
München 1996

Gil, Konstantin
Illustriertes Handbuch des Taekwondo
Niedernhausen/Ts. 1978

Höller, Jürgen
Taekwondo - eine systematische Annäherung
Stuttgart 2001

Hohmann, Andreas u.a.
Einführung in die Trainingswissenschaft
Wiebelsheim 2002

Horn, Hans-Jürgen u.a.
Fitness-Boxen
Das neue Aktiv-Prgramm
München 1996

Ihlo, Heinz u.a.
Kampfsport in der Schule
Berlin 1981

Johnny G.
Spinning
Listen to your heart
2. Aufl., o.O. 2000

Ko, Eui Min
Taekwondo (Gyorugi)
Kompendium der Wettkampftechnik in Taekwondo nach W.T.F.-System
München 1980

Kürzel, Frank / Wastl, Peter
Fitness-Boxen
Trainingsprogramm für zu Hause
Niedernhausen/Ts. 1997

Lee, Chong
Dynamische Tritte
Grundlagen für den Zweikampf
Niedernhausen/Ts. 1978

Lippmann, Ralf (Red.)
Ausbildungsskript
Fachübungsleiter-/Trainer-C-Ausbildung Judo
Frankfurt/M. 2001

Loosch, Eberhard
Allgemeine Bewegungslehre
Wiebelsheim 1999

Meinel, Kurt / Schnabel, Günter
Bewegungslehre - Sportmotorik
Abriß einer Theorie der sportlichen Motorik unter pädagogischem Aspekt
8. Aufl., Berlin 1987

Mießner, Wolfgang
Richtig Aerobic
München Wien Zürich 2002

Nakayama, Masatoshi
Dynamic Karate
Tokyo 1966

Nishiyama, Hideteka / Brown, Richard C.
Karate
The Art of »Empty Hand" Fighting
Tokyo 1959

Pahmeier, Iris / Niederbäumer, Corinna
Step-Aerobic für Schule, Verein und Studio
Aachen 1996

Paul, Gudrun u.a.
Aerobic Training
2. Aufl., Aachen 1997

Reiter, Christiane
Aerobic Fibel
o.O., o.J.

Roth, Klaus / Willimczik, Klaus
Bewegungswissenschaft
Reinbek bei Hamburg 1999

Schnabel, Günter u.a.
Trainingswissenschaft
Leistung - Training - Wettkampf
Berlin 1997

Sleamaker, Rob
Systematisches Leistungstraining: Schritte zum Erfolg
Aachen, 1991

Zaar, Peter
Kickboxen
Von der Grundlage bis zum Hochleistungssport
Lehrbuch für Aktive und Trainer
Berlin 2000

12 Anhang

12.1 Anhang 1 - Empfohlene Literatur zur Weiterbildung

12.1.1 Funktionelle Anatomie

Die Verfasser sind der Ansicht, dass jeder, der eine Unterrichtstätigkeit im sportlichen Bereich ausübt, über fundierte Kenntnisse in funktioneller Anatomie verfügen sollte. Zum einen, weil damit alles, was man tut, erklärbar wird; Do's und Don't's nicht einfach nachgeplappert werden, sondern nachvollziehbar sind; zum anderen, weil der vielbeschworene Professionalisierungsprozess im Freizeitsportbereich, zu dem auch der Aerobic-Unterricht gehört, durch solides Basiswissen glaubwürdiger vertreten werden kann. Theoretische Grundlagen sind ebenfalls wichtig, um eine kritische Analyse neuer Trends und Übungsformen leisten zu können. Die im folgenden vorgestellten Bücher stellen eine subjektive Auswahl der Autoren nach Kriterien der Verständlichkeit, Aufmachung und des persönlichen Gefallens dar.

Calais-Germain, Blandine
Anatomie der Bewegung - Technik und Funktion des Körpers
2. Aufl., Wiesbaden 1999

Rohen, Johannes / Lütgen-Drecoll, Elke
Funktionelle Anatomie des Menschen
10. Aufl., Stuttgart 2001

12.1.2 Bewegungslehre

Meinel, Kurt / Schnabel, Günter
Bewegungslehre - Sportmotorik
Abriß einer Theorie der sportlichen Motorik unter pädagogischem Aspekt
9. Aufl., Berlin 1998

Loosch, Eberhard
Allgemeine Bewegungslehre
Wiebelsheim 1999

12.1.3 Trainingswissenschaft

Schnabel, Günter u.a.
Trainingswissenschaft
Leistung - Training - Wettkampf
Berlin 1997

Hohmann, Andreas u.a.
Einführung in die Trainingswissenschaft
Wiebelsheim 2002

12.1.4 Taekwondo / Kickboxen / Boxen

Ellwanger, Siegfried und Ulf
Boxen basics
Training, Technik, Taktik
Stuttgart 1998

Fiedler, Horst
Boxen für Einsteiger
2. Aufl., Berlin 1997

Gil, Konstantin
Taekwondo
Niedernhausen/Ts. 1995

Höller, Jürgen
Taekwondo - eine systematische Annäherung
Stuttgart 2001

Zaar, Peter
Kickboxen
Von der Grundlage bis zum Hochleistungssport
Lehrbuch für Aktive und Trainer
Berlin 2000

12.1.5 Aerobic

Mießner, Wolfgang
Richtig Aerobic
München Wien Zürich 2002

Pahmeier, Iris / Niederbäumer, Corinna
Step-Aerobic für Schule, Verein und Studio
Aachen 1996

Paul, Gudrun u.a.
Aerobic Training
2. Aufl., Aachen 1997

12.1.6 Ausdauertraining

Geiger, Ludwig
Ausdauertraining
München 1996

Edwards, Sally
Leitfaden zur Trainingskontrolle
8. Aufl., Aachen 1997

Sleamaker, Rob
Systematisches Leistungstraining: Schritte zum Erfolg
Aachen, 1991

12.1.7 Stretching

Anderson, Bob
Stretching
4. Aufl., München 1989

Blum, Bruno
Perfektes Stretching
München 1996

Sölveborn, Sven-A.
Stretching
München 1997

12.1.8 Krafttraining

Boeckh-Behrens, Wend-Uwe / Buskies, Wolfgang
Fitness-Krafttraining
Die besten Übungen und Methoden für Sport und Gesundheit
Reinbeck bei Hamburg 2000

Ders.
Gesundheitsorientiertes Fitnesstraining
Lüneburg 2002

Gottlob, Axel
Differenziertes Krafttraining mit Schwerpunkt Wirbelsäule
München, Jena 2001

Michaelis, Petra
Moderne funktionelle Gymnastik
Aachen 2000

12.2 Anhang 2 - Ausbildungsinstitutionen

(nach Postleitzahlen sortiert)

12.2.1 Deutschland

DSSV, Bildungsinstitut des Deutschen Sportstudios Verbandes e.V.
Bremerstraße 201 b
21073 Hamburg
Tel.: +49-40-766 24 00
Fax: +49-40-765 12 23
Mail: dssv@dssv.de
URL: http://dssv.de

DFAV, Deutscher Fitness- und Aerobicverband e.V.
Potsdamer Platz 2
53119 Bonn
Tel.: +49-228-72 530-0
Fax: +49-228-72 530-29
Mail: info@dfav.de
URL: http://www.dfav.de

DTB-Akademie, Bildungswerke im Deutschen Turnerbund
Otto-Fleck-Schneise 8
60528 Frankfurt am Main
Tel.: +49-69-67 801-141
Fax: +49-69-67 801-179
Mail: dtb-akademie@dtb-online.de
URL: http://www.dtb-akademie.de

LEAD, International School for Aerobic, Fitness & Health
An den drei Haasen 34-36
61440 Oberursel
Tel.: +49-6171-95 25 19
Fax: +49-6171-95 25 29
Mail: info@lead-school.com
URL: http://www.lead-school.com

Safs & Beta, School for Professionals
Bahnhofsstraße 41
65185 Wiesbaden
Tel.: +49-611-15 798-0
Fax: +49-611-15 798-10
Mail: info@safs-beta.de
URL: http://www.safs-beta.de

BSA-Akademie
Am Liedersberg 21
66399 Mendelbachtal
Tel.: +49-6803-99 44-0
Fax: +49-6803-99 44-10
Mail: info@bsa-akademie.de
URL: http://www.bsa-akademie.de

IFAA, Internationale Fitness- und Aerobicakademie
Essenerstraße 12
68723 Schwetzingen
Tel.: +49-6202-27 51-0
Fax: +49-6202-27 51-15
Mail: ifaa@ifaa.de
URL: http://www.ifaa.de

12.2.2 Österreich

The Academie
Haffnergasse 89/2/6
A-1220 Wien
Tel.: +43-1-7 74 70 68
Fax: +43-1-7 74 70 68
Mail: theacademy@chello.at
URL: http://www.theacademy.at

12.2.3 Schweiz

star education, school for training an recreation
Weidenpark 1
CH-4313 Möhlin
Tel.: +41-61-853 83 23
Fax: +41-61-853 95 09
Mail: info@star-education.ch
URL: http://www.star-education.ch

AFA, Academy for Fitness and Aerobics
Feldmoosstraße 49
CH-8853 Lachen
Tel.: +41-55-4 42 50 33
Fax: +41-55-4 42 68 31
Mail: info@afa.ch
URL: http://www.afa.ch

ibidem-Verlag
Melchiorstr. 15
D-70439 Stuttgart

info@ibidem-verlag.de

www.ibidem-verlag.de
www.edition-noema.de
www.autorenbetreuung.de

www.ingramcontent.com/pod-product-compliance
Lightning Source LLC
Chambersburg PA
CBHW060342170426
43202CB00014B/2857